Warum sterben viele Senioren zwischen 80-83 ?

INHALTSVERZEICHNIS

1
Demografische Entwicklung und Senioren

1.1 Anstieg der Lebenserwartung

Der Anstieg der Lebenserwartung ist eine grundlegende gesellschaftliche Veränderung, die seit dem frühen 20. Jahrhundert in Deutschland zu beobachten ist. Während die durchschnittliche Lebenserwartung bei der Geburt im Jahr 1900 noch bei etwa 45 Jahren lag, ist sie bis 2022 auf über 81 Jahre gestiegen. Diese bemerkenswerte Entwicklung hat nicht nur die Altersstruktur der Bevölkerung verändert, sondern auch weitreichende Auswirkungen auf die Gesundheitsversorgung und die soziale Sicherheit.

Ein wesentlicher Faktor für diesen Anstieg ist die Verbesserung der medizinischen Versorgung und der Lebensbedingungen. Fortschritte in der Medizin, wie neue Behandlungsmethoden und Medikamente, haben dazu beigetragen, viele Krankheiten effektiver zu behandeln und die Sterblichkeit zu senken. Eine Studie der Weltgesundheitsorganisation (WHO) aus dem Jahr 2023 belegt, dass die Sterblichkeitsrate durch Herz-Kreislauf-Erkrankungen in den letzten zwei Jahrzehnten um 30 Prozent gesenkt werden konnte. Allerdings sind diese Erfolge nicht gleichmäßig verteilt; während einige Bevölkerungsgruppen von diesen Fortschritten profitieren, bleiben andere zurück, was gesundheitliche Ungleichheiten zur Folge hat.

Die steigende Lebenserwartung bringt jedoch auch Herausforderungen mit sich. Eine alternde Bevölkerung bedeutet, dass mehr Menschen in höherem Alter leben, was häufig mit chronischen Erkrankungen und einer erhöhten Abhängigkeit von Pflegeleistungen einhergeht. Daten des Robert Koch-Instituts (RKI) aus dem Jahr 2023 zeigen, dass über 70 Prozent der über 80-Jährigen an mindestens einer chronischen Erkrankung leiden. Dies stellt das Gesundheitssystem vor erhebliche Herausforderungen, da die Nachfrage nach medizinischer Versorgung und Pflege steigt, während die Ressourcen begrenzt sind.

Ein weiterer bedeutender Aspekt ist die soziale Sicherheit. Mit einer älter werdenden Bevölkerung müssen auch die sozialen Sicherungssysteme angepasst werden. Die Rentenversicherung steht unter Druck, da immer weniger Erwerbstätige für immer mehr Rentner aufkommen müssen. Prognosen des Deutschen Instituts für Wirtschaftsforschung (DIW) deuten darauf hin, dass bis 2030 jeder dritte Deutsche über 60 Jahre alt sein wird. Dies erfordert neue Ansätze zur Finanzierung der Altersvorsorge und zur Sicherstellung einer angemessenen Lebensqualität im Alter.

Zusätzlich zu den medizinischen und sozialen Herausforderungen spielt auch die psychische Gesundheit eine entscheidende Rolle. Einsamkeit und soziale Isolation sind weit verbreitete Probleme unter älteren Menschen. Eine Umfrage des Meinungsforschungsinstituts YouGov aus dem Jahr 2023 ergab, dass mehr als 40 Prozent der Befragten über 75 Jahre angaben, sich oft einsam zu fühlen. Diese Einsamkeit kann gravierende Auswirkungen auf die körperliche und geistige Gesundheit haben und das Risiko für Depressionen und andere psychische Erkrankungen erhöhen.

Die Relevanz des Themas geht über individuelle Schicksale hinaus und hat weitreichende gesellschaftliche Implikationen. Die demografische Entwicklung in Deutschland zeigt einen Anstieg älterer Menschen, was dringend Lösungen erforderlich macht. Die Herausforderungen, die mit der veränderten Altersstruktur verbunden sind, sind vielschichtig und erfordern eine interdisziplinäre Herangehensweise. Politische Entscheidungsträger, Gesundheitsdienstleister und die Gesellschaft insgesamt müssen zusammenarbeiten, um eine altersgerechte Infrastruktur zu schaffen, die den Bedürfnissen einer älter werdenden Bevölkerung gerecht wird.

In den folgenden Abschnitten dieses Kapitels werden wir die Altersstruktur in Deutschland näher beleuchten und die spezifischen Herausforderungen untersuchen, die sich aus dieser demografischen Entwicklung ergeben. Wir werden uns mit der Frage auseinandersetzen, wie die Gesellschaft auf den Anstieg der Lebenserwartung reagieren kann und welche Maßnahmen ergriffen werden müssen, um die Lebensqualität älterer Menschen zu verbessern. Diese Diskussion ist nicht nur für Fachleute im Gesundheitswesen von Bedeutung, sondern auch für Angehörige und politische Entscheidungsträger, die sich mit den Herausforderungen des Alterns auseinandersetzen müssen.

1.2 Altersstruktur in Deutschland

Die demografische Entwicklung in Deutschland zeigt einen markanten Anstieg der Bevölkerung im Alter von 80 Jahren und älter. Diese Veränderung resultiert aus einer Kombination von sinkenden Geburtenraten und einer kontinuierlich steigenden Lebenserwartung. Laut dem Statistischen Bundesamt betrug die durchschnittliche Lebenserwartung für Männer im Jahr 2022 78,6 Jahre, während Frauen im Schnitt 83,4 Jahre alt wurden. Diese Zahlen verdeutlichen, dass immer mehr Menschen das hohe Alter erreichen, was sowohl Chancen als auch Herausforderungen für die Gesellschaft mit sich bringt.

Ein zentrales Merkmal dieser Altersstruktur ist die sogenannte „Alterspyramide", die in den letzten Jahrzehnten eine signifikante Umkehr erfahren hat. Früher dominierten jüngere Altersgruppen, heute hingegen zeigt sich eine breitere Basis älterer Menschen. Diese Entwicklung hat weitreichende Implikationen für die sozialen Sicherheitssysteme, insbesondere für die Renten- und Gesundheitsversorgung. Die Bundesregierung hat bereits erkannt, dass die Finanzierung dieser Systeme durch die wachsende Zahl älterer Menschen unter Druck gerät. Eine Studie des Deutschen Instituts für Wirtschaftsforschung (DIW) aus dem Jahr 2023 prognostiziert, dass bis 2030 etwa 25 % der Bevölkerung über 65 Jahre alt sein werden, was eine erhebliche Herausforderung für die Altersvorsorge darstellt.

Die Veränderungen in der Altersstruktur wirken sich auch auf den Arbeitsmarkt aus. Der Rückgang der Erwerbsbevölkerung, bedingt durch die steigende Zahl an Rentnern, führt zu einem Mangel an Fachkräften in vielen Branchen. Laut einer Erhebung des Instituts für Arbeitsmarkt- und Berufsforschung (IAB) wird bis 2035 ein Fachkräftemangel von bis zu 3 Millionen Personen erwartet, sofern keine geeigneten Maßnahmen ergriffen werden. Dies könnte die Produktivität und Innovationskraft der deutschen Wirtschaft erheblich beeinträchtigen.

Ein weiterer Aspekt, der nicht außer Acht gelassen werden darf, ist die soziale Isolation, die viele Senioren in dieser Altersgruppe betrifft. Die WHO hat in einer Studie von 2023 festgestellt, dass fast 40 % der über 80-Jährigen in Deutschland unter Einsamkeit leiden. Diese Isolation kann gravierende gesundheitliche Folgen haben, einschließlich einer erhöhten Sterblichkeit. Daher ist es entscheidend, gesellschaftliche Initiativen zur Förderung der sozialen Integration älterer Menschen zu entwickeln. Programme, die soziale Kontakte fördern und Gemeinschaftsaktivitäten anbieten, sind notwendig, um die Lebensqualität dieser Bevölkerungsgruppe zu verbessern.

Zusätzlich zu den sozialen Herausforderungen stehen ältere Menschen auch vor gesundheitlichen Risiken, die mit dem Alterungsprozess einhergehen. Chronische Erkrankungen wie Herz-Kreislauf-Erkrankungen, Diabetes und Demenz nehmen in dieser Altersgruppe zu. Laut einer Studie des Robert Koch-Instituts (RKI) aus dem Jahr 2023 sind über 70 % der über 80-Jährigen von mindestens einer chronischen Erkrankung betroffen. Diese gesundheitlichen Probleme erfordern eine adäquate medizinische Versorgung und Pflege, die oft nicht ausreichend gewährleistet ist. Die Überlastung der Gesundheitsversorgung und der Mangel an qualifiziertem Pflegepersonal sind weitere Herausforderungen, die dringend angegangen werden müssen.

Die Altersstruktur in Deutschland ist somit nicht nur ein demografisches Phänomen, sondern hat tiefgreifende Auswirkungen auf die gesamte Gesellschaft. Die Notwendigkeit, sich mit den Herausforderungen der alternden Bevölkerung auseinanderzusetzen, wird immer dringlicher. Politische Entscheidungsträger sind gefordert, Strategien zu entwickeln, die eine nachhaltige Unterstützung älterer Menschen gewährleisten. Dazu gehört die Anpassung der Gesundheitsversorgung, die Sicherstellung der sozialen Sicherheit und die Förderung der Teilhabe älterer Menschen am gesellschaftlichen Leben.

Im nächsten Abschnitt werden wir uns intensiver mit den spezifischen Herausforderungen auseinandersetzen, die sich aus dieser veränderten Altersstruktur ergeben. Insbesondere werden wir die Auswirkungen auf die Gesundheitsversorgung und die Altenpflege beleuchten, um zu verstehen, wie diese Systeme an die Bedürfnisse einer älter werdenden Gesellschaft angepasst werden können.

1.3 Herausforderungen für die Gesellschaft

Die Alterung der Gesellschaft bringt eine Vielzahl komplexer Herausforderungen mit sich, die eine sorgfältige Analyse der gesellschaftlichen Rahmenbedingungen erfordern. Im vorhergehenden Kapitel wurde bereits der Anstieg der Lebenserwartung und die damit verbundenen Veränderungen in der Altersstruktur thematisiert. Diese Entwicklungen haben sowohl individuelle als auch kollektive Auswirkungen auf die Gesellschaft, insbesondere in den Bereichen Gesundheitsversorgung, Altenpflegefinanzierung und politische Strategien zur Unterstützung älterer Menschen.

Ein zentrales Anliegen ist die Anpassung der Gesundheitsversorgung an die Bedürfnisse einer zunehmend älteren Bevölkerung. Laut einer Studie des Robert Koch-Instituts (2022) wird bis 2030 ein Anstieg chronischer Erkrankungen bei Senioren um bis zu 25 Prozent prognostiziert. Dies erfordert nicht nur eine Erhöhung der medizinischen Ressourcen, sondern auch eine signifikante Verbesserung der Qualität der Gesundheitsdienste. Die Integration geriatrischer Fachkräfte in die allgemeine Gesundheitsversorgung könnte hierbei eine entscheidende Rolle spielen, um die spezifischen Bedürfnisse älterer Patienten besser zu adressieren.

Ein weiteres zentrales Thema ist die Finanzierung der Altenpflege. Der demografische Wandel führt zu einem Anstieg der Pflegebedürftigen, was die bestehenden Systeme erheblich unter Druck setzt. Eine Analyse des Statistischen Bundesamtes (2023) zeigt, dass die Kosten für die Altenpflege bis 2040 um bis zu 50 Prozent steigen könnten, sofern keine geeigneten Maßnahmen ergriffen werden. Dies erfordert eine Neubewertung der Finanzierungsmodelle, um sicherzustellen, dass die Altenpflege nachhaltig und für alle zugänglich bleibt. Mögliche Ansätze könnten die Einführung von Pflegefonds oder die Förderung privater Pflegeversicherungen umfassen.

Darüber hinaus müssen politische Strategien zur Unterstützung älterer Menschen neu gedacht werden. Die Schaffung eines altersgerechten Umfelds erfordert einen interdisziplinären Ansatz, der sowohl gesundheitliche als auch soziale Aspekte berücksichtigt. Ein Beispiel hierfür ist das Konzept der lebenslangen Wohnqualität, das sicherstellen soll, dass Senioren in ihren eigenen vier Wänden bleiben können, ohne ihre Lebensqualität einzubüßen. Dies könnte durch den Ausbau barrierefreier Wohnformen und die Förderung von Gemeinschaftsprojekten geschehen, die soziale Isolation verhindern.

Ein weiterer wichtiger Aspekt ist die psychische Gesundheit älterer Menschen. Einsamkeit und soziale Isolation sind weit verbreitete Probleme, die nicht nur die Lebensqualität beeinträchtigen, sondern auch direkte gesundheitliche Folgen haben können. Laut einer Studie der Deutschen Gesellschaft für Gerontologie und Geriatrie (2023) leiden etwa 30 Prozent der Senioren unter Einsamkeit, was die Notwendigkeit unterstreicht, soziale Netzwerke zu fördern und integrative Programme zu entwickeln.

Zusammenfassend lässt sich festhalten, dass die Herausforderungen, die mit der Alterung der Gesellschaft einhergehen, komplex und vielschichtig sind. Es bedarf eines koordinierten Ansatzes, der alle relevanten Akteure – von der Politik über das Gesundheitswesen bis hin zu sozialen Einrichtungen – einbezieht. Nur so kann eine altersgerechte Gesellschaft geschaffen werden, die den Bedürfnissen älterer Menschen gerecht wird und gleichzeitig die sozialen und wirtschaftlichen Strukturen stabilisiert.

In Anbetracht zukünftiger Entwicklungen ist es entscheidend, proaktive Maßnahmen zu ergreifen, um die Lebensqualität von Senioren zu verbessern und ihre Teilhabe am gesellschaftlichen Leben zu fördern. In den kommenden Kapiteln werden wir uns eingehender mit den Sterblichkeitsraten in der Altersgruppe von 80-83 Jahren befassen und die zugrunde liegenden Ursachen sowie mögliche Präventionsstrategien analysieren. Diese Erkenntnisse sind nicht nur für die betroffenen Personen von Bedeutung, sondern auch für die gesamte Gesellschaft, die von einer gesunden und aktiven älteren Bevölkerung profitiert.

2
Sterblichkeitsraten im Alter

2.1 Statistische Analysen

Die Sterblichkeitsraten in der Altersgruppe von 80 bis 83 Jahren sind ein besorgniserregendes Thema, das sowohl Fachleute als auch Angehörige von Senioren beschäftigt. Angesichts der steigenden Lebenserwartung ist es entscheidend, die spezifischen Herausforderungen und Risiken zu erkennen, die diese Altersgruppe betreffen. Statistische Analysen belegen, dass die Sterblichkeit in dieser Gruppe signifikant höher ist als in jüngeren Altersklassen. Diese Erkenntnisse stammen aus verschiedenen Quellen, darunter das Statistische Bundesamt und die Weltgesundheitsorganisation (WHO), die umfassende Daten zu den Gesundheitszuständen und Sterblichkeitsraten älterer Menschen bereitstellen.

Die Auswertung dieser Daten ermöglicht es, Muster und Trends zu identifizieren, die auf die Ursachen der hohen Sterblichkeit hinweisen. Aktuelle Statistiken zeigen beispielsweise, dass chronische Erkrankungen wie Herz-Kreislauf-Erkrankungen und Diabetes in dieser Altersgruppe besonders verbreitet sind. Laut einer Studie des Robert Koch-Instituts aus dem Jahr 2023 leiden über 60 % der Senioren in diesem Alter an mindestens einer chronischen Erkrankung, was ihre Lebensqualität erheblich beeinträchtigen kann. Diese Erkrankungen sind nicht nur direkte Ursachen für die erhöhte Sterblichkeit, sondern sie tragen auch zu einem allgemeinen Rückgang der physischen und psychischen Gesundheit bei.

Ein weiterer wichtiger Aspekt, der in den statistischen Analysen berücksichtigt werden muss, ist die soziale Isolation. Studien haben gezeigt, dass Einsamkeit und mangelnde soziale Kontakte das Risiko eines vorzeitigen Todes signifikant erhöhen können. Eine Untersuchung der Universität Mannheim aus dem Jahr 2024 ergab, dass einsame Senioren ein um 30 % höheres Risiko haben, innerhalb eines Jahres zu versterben, verglichen mit ihren sozial aktiven Altersgenossen. Diese Ergebnisse verdeutlichen die Bedeutung sozialer Netzwerke und Unterstützungssysteme für die Gesundheit älterer Menschen.

Die demografische Entwicklung in Deutschland zeigt einen klaren Anstieg der Bevölkerung im Alter von 80 Jahren und darüber hinaus. Laut dem Statistischen Bundesamt wird erwartet, dass bis 2030 die Anzahl der über 80-Jährigen um 25 % steigen wird. Diese Veränderung hat weitreichende gesellschaftliche Implikationen, da sie nicht nur die Gesundheitsversorgung, sondern auch die sozialen Strukturen und die Pflegeinfrastruktur betrifft. Die Herausforderung besteht darin, geeignete Maßnahmen zu entwickeln, um die Lebensqualität dieser wachsenden Bevölkerungsgruppe zu verbessern und die Sterblichkeitsraten zu senken.

Die statistischen Daten bieten zudem wertvolle Einblicke in die Geschlechterverteilung innerhalb dieser Altersgruppe. Frauen leben im Durchschnitt länger als Männer, was zu einer höheren Anzahl älterer Frauen führt, die oft allein leben und anfälliger für gesundheitliche Probleme sind. Eine Analyse des Bundesministeriums für Gesundheit aus dem Jahr 2023 zeigt, dass etwa 70 % der über 80-Jährigen Frauen sind, was die Notwendigkeit unterstreicht, geschlechtsspezifische Ansätze in der Altenpflege und Gesundheitsversorgung zu berücksichtigen.

Diese statistischen Analysen bilden die Grundlage für ein besseres Verständnis der Herausforderungen, mit denen Senioren zwischen 80 und 83 Jahren konfrontiert sind. Sie helfen nicht nur dabei, die Ursachen der hohen Sterblichkeit zu identifizieren, sondern auch, präventive Maßnahmen zu entwickeln, die darauf abzielen, die Lebensqualität zu verbessern und die Sterblichkeitsraten zu senken. In den folgenden Abschnitten dieses Kapitels werden wir die Sterblichkeitsraten in dieser Altersgruppe näher mit anderen Altersgruppen vergleichen und die spezifischen Ursachen für die hohe Sterblichkeit untersuchen. Durch diesen Vergleich können wir gezielte Strategien entwickeln, um die Gesundheit und das Wohlbefinden älterer Menschen zu fördern.

Zusammenfassend lässt sich sagen, dass die statistischen Analysen eine entscheidende Rolle bei der Aufklärung über die Sterblichkeitsraten in der Altersgruppe von 80 bis 83 Jahren spielen. Sie bieten nicht nur einen Überblick über die gesundheitlichen Herausforderungen, sondern auch über die sozialen und strukturellen Faktoren, die das Leben älterer Menschen beeinflussen. Indem wir diese Daten analysieren und verstehen, können wir effektive Lösungen entwickeln, die dazu beitragen, die Lebensqualität von Senioren zu verbessern und ihre Chancen auf ein längeres, gesünderes Leben zu erhöhen.

2.2 Vergleich mit anderen Altersgruppen

Die Sterblichkeitsraten in der Altersgruppe von 80 bis 83 Jahren zeigen alarmierende Unterschiede im Vergleich zu jüngeren Altersgruppen. Diese Unterschiede sind nicht bloß statistische Ausreißer, sondern reflektieren tiefere gesellschaftliche und gesundheitliche Herausforderungen, die es zu verstehen gilt. Besonders auffällig ist, dass die Sterblichkeitsrate in dieser Altersgruppe signifikant höher ist als bei den 70-79-Jährigen und noch deutlicher im Vergleich zu den 60-69-Jährigen. Laut einer Studie des Statistischen Bundesamtes aus dem Jahr 2023 ist die Sterblichkeit bei den 80-83-Jährigen um 50 % höher als bei den 70-79-Jährigen (Statistisches Bundesamt, 2023, Deutschland).

Ein wesentlicher Faktor für diese erhöhte Sterblichkeit sind chronische Erkrankungen. In der Altersgruppe von 80 bis 83 Jahren sind Herz-Kreislauf-Erkrankungen, Diabetes und Atemwegserkrankungen weit verbreitet. Eine Untersuchung der Deutschen Gesellschaft für Geriatrie aus dem Jahr 2022 ergab, dass über 70 % der Senioren in dieser Altersgruppe an mindestens einer chronischen Erkrankung leiden (Deutsche Gesellschaft für Geriatrie, 2022). Im Vergleich dazu liegt dieser Anteil bei den 70-79-Jährigen bei etwa 55 %. Diese Zunahme chronischer Erkrankungen ist entscheidend für die Lebensqualität und die Lebenserwartung in der älteren Bevölkerung.

Ein weiterer wichtiger Aspekt ist die soziale Isolation. Studien zeigen, dass Senioren zwischen 80 und 83 Jahren häufig unter Einsamkeit leiden, was direkte Auswirkungen auf ihre Gesundheit hat. Laut einer Erhebung der Universität Mannheim aus dem Jahr 2023 gaben 40 % der Befragten in dieser Altersgruppe an, sich oft einsam zu fühlen (Universität Mannheim, 2023). Im Vergleich dazu berichten nur 25 % der 70-79-Jährigen von ähnlichen Gefühlen. Einsamkeit kann nicht nur das psychische Wohlbefinden beeinträchtigen, sondern auch das Risiko für körperliche Erkrankungen erhöhen, was wiederum die Sterblichkeit steigert.

Die gesundheitlichen Unterschiede zwischen den Altersgruppen sind auch durch den Zugang zur Gesundheitsversorgung bedingt. Senioren im Alter von 80 bis 83 Jahren haben oft Schwierigkeiten, adäquate medizinische Versorgung zu erhalten. Eine Studie der WHO aus dem Jahr 2023 zeigt, dass 30 % der Senioren in dieser Altersgruppe keinen regelmäßigen Zugang zu einem Hausarzt haben (WHO, 2023). Dies steht im Gegensatz zu nur 15 % der 70-79-Jährigen. Der Mangel an regelmäßiger medizinischer Betreuung kann dazu führen, dass Krankheiten nicht rechtzeitig erkannt oder behandelt werden, was die Sterblichkeit in dieser Altersgruppe weiter erhöht.

Zusätzlich spielen psychologische Aspekte eine bedeutende Rolle. Die Prävalenz von Depressionen und Angststörungen ist in der Altersgruppe von 80 bis 83 Jahren höher als in jüngeren Altersgruppen. Laut einer Studie der Charité – Universitätsmedizin Berlin aus dem Jahr 2023 sind 25 % der Senioren in dieser Altersgruppe von einer diagnostizierten Depression betroffen, während dieser Wert bei den 70-79-Jährigen nur bei 15 % liegt (Charité, 2023). Diese psychischen Erkrankungen können die Lebensqualität erheblich beeinträchtigen und die Sterblichkeit erhöhen.

Insgesamt zeigt der Vergleich mit anderen Altersgruppen, dass die Sterblichkeitsraten in der Altersgruppe von 80 bis 83 Jahren durch eine Kombination aus chronischen Erkrankungen, sozialer Isolation, eingeschränktem Zugang zur Gesundheitsversorgung und psychischen Erkrankungen bedingt sind. Diese Erkenntnisse sind entscheidend, um gezielte Maßnahmen zur Verbesserung der Lebensqualität und zur Reduzierung der Sterblichkeit in dieser vulnerablen Altersgruppe zu entwickeln.

Im nächsten Abschnitt werden wir uns eingehender mit den spezifischen Ursachen für die hohe Sterblichkeit in dieser Altersgruppe befassen. Dabei werden wir die Rolle chronischer Erkrankungen, sozialer Isolation und der Zugänglichkeit von Gesundheitsdiensten näher untersuchen und mögliche Lösungsansätze diskutieren.

2.3 Ursachen für hohe Sterblichkeit

Die hohe Sterblichkeit in der Altersgruppe von 80 bis 83 Jahren ist das Ergebnis eines komplexen Zusammenspiels verschiedener Faktoren. In den vorhergehenden Abschnitten haben wir bereits die besorgniserregenden Sterblichkeitsraten und deren zugrunde liegenden Ursachen untersucht. Um präventive Maßnahmen zu entwickeln, die das Leben älterer Menschen verlängern und ihre Lebensqualität verbessern, ist es entscheidend, diese Faktoren systematisch zu analysieren.

Ein wesentlicher Faktor sind chronische Erkrankungen, die in dieser Altersgruppe besonders häufig vorkommen. Laut einer Studie des Robert Koch-Instituts (RKI) aus dem Jahr 2022 leiden über 70% der Senioren in diesem Alter an mindestens einer chronischen Erkrankung, wobei Herz-Kreislauf-Erkrankungen und Diabetes die häufigsten Diagnosen darstellen. Diese Erkrankungen sind nicht nur häufige Todesursachen, sondern beeinträchtigen auch erheblich die Lebensqualität. Die Komorbidität, also das gleichzeitige Vorliegen mehrerer Erkrankungen, erhöht die gesundheitlichen Risiken und erschwert die Behandlung. Ein integrierter Ansatz zur Gesundheitsversorgung, der sowohl medizinische als auch soziale Aspekte berücksichtigt, könnte hier Abhilfe schaffen.

Ein weiterer bedeutender Faktor ist die soziale Isolation, die in dieser Altersgruppe weit verbreitet ist. Eine Untersuchung der Universität Mannheim aus dem Jahr 2023 zeigt, dass etwa 40% der Senioren zwischen 80 und 83 Jahren an Einsamkeit leiden. Einsamkeit hat nicht nur psychische Auswirkungen, sondern kann auch körperliche Erkrankungen begünstigen. Studien belegen, dass isolierte Senioren ein höheres Risiko für Herz-Kreislauf-Erkrankungen und andere gesundheitliche Probleme haben. Daher ist es unerlässlich, soziale Netzwerke zu fördern und Programme zur sozialen Integration zu entwickeln, um Einsamkeit entgegenzuwirken.

Zusätzlich spielt der Zugang zur Gesundheitsversorgung eine entscheidende Rolle. Laut einer Erhebung des Statistischen Bundesamtes aus dem Jahr 2023 haben viele Senioren Schwierigkeiten, adäquate medizinische Versorgung zu erhalten, insbesondere in ländlichen Gebieten. Die Überlastung von Gesundheitseinrichtungen und der Mangel an Fachkräften tragen zur Verschlechterung der Gesundheitsversorgung bei. Eine Verbesserung des Zugangs zu medizinischen Dienstleistungen, insbesondere durch Telemedizin und mobile Gesundheitsdienste, könnte dazu beitragen, die Sterblichkeitsraten in dieser Altersgruppe zu senken.

Die Wechselwirkungen zwischen diesen Faktoren sind komplex und erfordern einen interdisziplinären Ansatz. Soziale, psychologische und medizinische Aspekte müssen in der Forschung und der praktischen Anwendung zusammengeführt werden. Ein Beispiel hierfür ist die Implementierung von Gesundheitsförderungsprogrammen, die nicht nur medizinische Behandlungen anbieten, sondern auch soziale Aktivitäten und psychologische Unterstützung integrieren. Solche Programme könnten dazu beitragen, die Lebensqualität der Senioren zu erhöhen und die Sterblichkeitsraten zu senken.

Ein weiterer wichtiger Punkt ist die Prävention. Die Forschung zeigt, dass präventive Maßnahmen, wie regelmäßige Gesundheitschecks und Aufklärung über gesunde Lebensweisen, entscheidend sind, um chronischen Erkrankungen vorzubeugen. Eine Studie der Weltgesundheitsorganisation (WHO) aus dem Jahr 2023 hebt hervor, dass durch präventive Maßnahmen bis zu 30% der Fälle von Herz-Kreislauf-Erkrankungen verhindert werden könnten. Dies unterstreicht die Notwendigkeit, präventive Strategien in die Gesundheitsversorgung für Senioren zu integrieren.

Zusammenfassend lässt sich sagen, dass die hohe Sterblichkeit in der Altersgruppe von 80 bis 83 Jahren auf ein Zusammenspiel verschiedener Faktoren zurückzuführen ist. Chronische Erkrankungen, soziale Isolation und eingeschränkter Zugang zur Gesundheitsversorgung sind zentrale Herausforderungen, die es zu bewältigen gilt. Um die Sterblichkeitsraten zu senken, sind umfassende und interdisziplinäre Ansätze erforderlich, die sowohl medizinische als auch soziale Dimensionen berücksichtigen. In den folgenden Kapiteln werden wir uns eingehender mit den spezifischen chronischen Erkrankungen und deren Management befassen, um weitere Lösungen zur Verbesserung der Lebensqualität von Senioren zu entwickeln.

3

Chronische Erkrankungen und ihre Folgen

3.1 Herz-Kreislauf-Erkrankungen

Herz-Kreislauf-Erkrankungen gehören zu den häufigsten Todesursachen bei älteren Menschen, insbesondere in der Altersgruppe von 80 bis 83 Jahren. Diese Erkrankungen umfassen eine Vielzahl von Störungen, die das Herz und die Blutgefäße betreffen, wie koronare Herzkrankheit, Herzinsuffizienz und Schlaganfälle. Die alarmierenden Sterblichkeitsraten in dieser Altersgruppe stellen nicht nur ein medizinisches, sondern auch ein gesellschaftliches Problem dar, das erhebliche Auswirkungen auf die Lebensqualität und die Gesundheitsversorgung hat.

Die hohe Prävalenz von Herz-Kreislauf-Erkrankungen bei Senioren ist auf verschiedene Faktoren zurückzuführen. Altersbedingte Veränderungen im Körper, wie die Abnahme der Elastizität der Blutgefäße und eine erhöhte Anfälligkeit für Bluthochdruck, spielen eine entscheidende Rolle bei der Entstehung dieser Erkrankungen. Darüber hinaus tragen Lebensstilfaktoren wie ungesunde Ernährung, Bewegungsmangel und Rauchen erheblich zur Risikosteigerung bei. Laut einer Studie des Robert Koch-Instituts aus dem Jahr 2023 haben etwa 40 % der über 80-Jährigen einen hohen Blutdruck, was das Risiko für Herz-Kreislauf-Erkrankungen signifikant erhöht.

Ein weiterer kritischer Aspekt ist die unzureichende Prävention. Viele Senioren sind sich der Risiken, die mit Herz-Kreislauf-Erkrankungen verbunden sind, nicht bewusst oder haben keinen Zugang zu präventiven Maßnahmen. Eine Untersuchung der Deutschen Herzstiftung aus dem Jahr 2024 zeigt, dass weniger als 30 % der über 80-Jährigen regelmäßig an Vorsorgeuntersuchungen teilnehmen. Dies ist besorgniserregend, da eine frühzeitige Erkennung und Intervention entscheidend sind, um die Progression von Herz-Kreislauf-Erkrankungen zu verhindern.

Die Prävention und das Management von Herz-Kreislauf-Erkrankungen sind daher von zentraler Bedeutung für die Verbesserung der Lebensqualität von Senioren. Regelmäßige Gesundheitschecks, eine ausgewogene Ernährung und körperliche Aktivität sind grundlegende Maßnahmen, die nicht nur das Risiko für Herz-Kreislauf-Erkrankungen senken, sondern auch das allgemeine Wohlbefinden fördern können. Die Weltgesundheitsorganisation (WHO) empfiehlt, dass ältere Menschen mindestens 150 Minuten moderate körperliche Aktivität pro Woche anstreben, um ihre

Ein oft übersehener Faktor, der die Gesundheit von Senioren beeinflusst, ist die soziale Unterstützung. Einsamkeit und soziale Isolation können das Risiko für Herz-Kreislauf-Erkrankungen erhöhen, da sie zu ungesunden Verhaltensweisen wie Bewegungsmangel und schlechter Ernährung führen können. Eine Studie der Universität Mannheim aus dem Jahr 2023 hat gezeigt, dass Senioren, die in sozialen Netzwerken eingebunden sind, ein um 25 % geringeres Risiko für Herz-Kreislauf-Erkrankungen aufweisen als ihre isolierten Altersgenossen.

Angesichts der demografischen Entwicklung in Deutschland, wo die Zahl der über 80-Jährigen kontinuierlich steigt, ist es unerlässlich, Strategien zur Prävention und zum Management von Herz-Kreislauf-Erkrankungen zu entwickeln. Die Gesundheitsversorgung muss sich anpassen, um den spezifischen Bedürfnissen dieser Altersgruppe gerecht zu werden. Dazu gehört auch die Schulung von Pflegekräften und Angehörigen, um ein besseres Verständnis für die Risiken und Präventionsmöglichkeiten zu schaffen.

In den folgenden Abschnitten dieses Kapitels werden wir uns eingehender mit den verschiedenen Arten von Herz-Kreislauf-Erkrankungen befassen, deren Ursachen und Risikofaktoren analysieren sowie präventive Maßnahmen und Behandlungsmöglichkeiten diskutieren. Es ist wichtig, die Zusammenhänge zwischen diesen Erkrankungen und anderen chronischen Erkrankungen wie Diabetes zu verstehen, um ganzheitliche Ansätze zur Verbesserung der Lebensqualität von Senioren zu entwickeln.

Die Herausforderungen, die mit Herz-Kreislauf-Erkrankungen verbunden sind, erfordern ein interdisziplinäres Vorgehen, das medizinische, psychologische und soziale Aspekte berücksichtigt. Nur durch eine umfassende Betrachtung können wir effektive Lösungen finden, die nicht nur die Sterblichkeitsraten senken, sondern auch das Leben älterer Menschen bereichern. Lassen Sie uns gemeinsam die nächsten Schritte in dieser wichtigen Diskussion erkunden.

3.2 Diabetes und Stoffwechselstörungen

Im vorherigen Abschnitt haben wir die alarmierende Prävalenz von Herz-Kreislauf-Erkrankungen bei Senioren untersucht, insbesondere in der Altersgruppe von 80 bis 83 Jahren, wo sie eine erhebliche Rolle bei der Sterblichkeit spielen. Ein weiterer oft übersehener Aspekt sind Diabetes und Stoffwechselstörungen. Diese Erkrankungen sind nicht nur weit verbreitet, sondern können auch zu schwerwiegenden Komplikationen führen, wenn sie nicht rechtzeitig erkannt und behandelt werden. Laut einer Studie des Robert Koch-Instituts aus dem Jahr 2023 sind etwa 20 % der über 80-Jährigen von Diabetes betroffen, was die Dringlichkeit effektiver Präventions- und Managementstrategien unterstreicht.

Diabetes mellitus, insbesondere Typ-2-Diabetes, ist eine chronische Erkrankung, die durch Insulinresistenz und eine gestörte Glukoseverwertung gekennzeichnet ist. Diese Störung kann eine Vielzahl gesundheitlicher Probleme nach sich ziehen, darunter Herzkrankheiten, Nierenschäden und neuropathische Komplikationen. Eine Untersuchung der Deutschen Diabetes Gesellschaft (DDG) aus dem Jahr 2023 zeigt, dass ältere Menschen mit Diabetes ein um 50 % höheres Risiko für kardiovaskuläre Ereignisse haben als ihre nicht-diabetischen Altersgenossen. Diese Daten verdeutlichen die Notwendigkeit, Diabetes als ernstzunehmende Bedrohung für die Gesundheit älterer Menschen zu betrachten.

Die Prävention von Diabetes und Stoffwechselstörungen erfordert einen umfassenden Ansatz. Regelmäßige Gesundheitschecks sind entscheidend, um Risikofaktoren frühzeitig zu identifizieren. Die American Diabetes Association empfiehlt, dass Senioren ab einem Alter von 45 Jahren alle drei Jahre auf Diabetes getestet werden sollten, insbesondere wenn sie übergewichtig sind oder andere Risikofaktoren aufweisen. Zudem spielt die Ernährung eine zentrale Rolle: Eine ausgewogene Kost, die reich an Ballaststoffen und arm an gesättigten Fetten ist, kann das Risiko für die Entwicklung von Diabetes signifikant senken. Eine aktuelle Studie der Universität Heidelberg aus dem Jahr 2023 hat gezeigt, dass eine mediterrane Diät das Risiko für Typ-2-Diabetes um bis zu 30 % reduzieren kann.

Ein weiterer wichtiger Aspekt ist die körperliche Aktivität. Laut einer Untersuchung der Weltgesundheitsorganisation (WHO) aus dem Jahr 2023 haben Senioren, die regelmäßig Sport treiben, ein um 40 % geringeres Risiko, an Diabetes zu erkranken. Moderate Bewegung, wie tägliches Gehen oder leichtes Krafttraining, hilft nicht nur, das Körpergewicht zu regulieren, sondern verbessert auch die Insulinempfindlichkeit. Die Förderung von Bewegungsprogrammen in Pflegeeinrichtungen könnte daher ein effektiver Schritt zur Prävention von Diabetes und anderen Stoffwechselstörungen sein.

Die Behandlung von Diabetes bei Senioren ist komplex und erfordert eine individuelle Anpassung der Therapie. Viele ältere Patienten leiden an mehreren chronischen Erkrankungen, die die Wahl der Medikation beeinflussen können. Eine Studie der Deutschen Gesellschaft für Geriatrie aus dem Jahr 2023 hebt hervor, dass die Kombination von Diabetesmedikamenten mit anderen Therapien, wie etwa für Bluthochdruck oder Cholesterin, häufig notwendig ist, um die Gesamtgesundheit der Patienten zu optimieren. Eine enge Zusammenarbeit zwischen Hausärzten, Fachärzten und Pflegepersonal ist unerlässlich, um eine umfassende Betreuung sicherzustellen.

Zusätzlich zu den medizinischen Aspekten ist es wichtig, die psychosozialen Faktoren zu berücksichtigen, die die Lebensqualität von Senioren mit Diabetes beeinflussen können. Einsamkeit und soziale Isolation sind häufige Begleiter chronischer Erkrankungen und können die Krankheitsbewältigung erheblich erschweren. Programme zur sozialen Integration, die den Austausch zwischen Senioren fördern, könnten nicht nur die psychische Gesundheit verbessern, sondern auch positive Auswirkungen auf die Krankheitsbewältigung haben.

Insgesamt zeigt sich, dass Diabetes und Stoffwechselstörungen eine bedeutende Herausforderung für die Gesundheit von Senioren darstellen. Die Notwendigkeit einer frühzeitigen Erkennung, einer präventiven Herangehensweise und eines umfassenden Managements ist unbestreitbar. Im nächsten Abschnitt werden wir uns mit der Prävention und dem Management chronischer Erkrankungen im Allgemeinen befassen und untersuchen, welche Maßnahmen ergriffen werden können, um die Lebensqualität von Senioren nachhaltig zu verbessern.

3.3 Prävention und Management

Die Prävention und das Management chronischer Erkrankungen sind entscheidend für die Lebensqualität von Senioren, insbesondere in der Altersgruppe von 80 bis 83 Jahren. In den vorhergehenden Abschnitten haben wir die hohe Prävalenz von Herz-Kreislauf-Erkrankungen und Diabetes sowie deren Auswirkungen auf die Sterblichkeitsraten in dieser Altersgruppe betrachtet. Diese Erkenntnisse verdeutlichen, dass präventive Maßnahmen nicht nur wünschenswert, sondern notwendig sind, um die Gesundheit und das Wohlbefinden älterer Menschen zu fördern.

Regelmäßige Gesundheitschecks sind ein zentraler Bestandteil der Prävention. Studien belegen, dass frühzeitige Diagnosen und die kontinuierliche Überwachung von Risikofaktoren wie Bluthochdruck und erhöhtem Cholesterinspiegel erheblich zur Senkung der Sterblichkeit beitragen können. Eine Untersuchung des Robert Koch-Instituts (2022) zeigt, dass Senioren, die regelmäßig ärztliche Untersuchungen in Anspruch nehmen, ein um 30 Prozent geringeres Risiko haben, an schweren Komplikationen aufgrund chronischer Erkrankungen zu sterben. Diese Daten unterstreichen die Notwendigkeit, den Zugang zu medizinischen Dienstleistungen zu verbessern und Aufklärungskampagnen zu initiieren, die Senioren und deren Angehörige über die Bedeutung regelmäßiger Gesundheitschecks informieren.

Ein weiterer wichtiger Aspekt der Prävention ist die Ernährung. Eine ausgewogene und nährstoffreiche Kost kann nicht nur das Risiko chronischer Erkrankungen senken, sondern auch die allgemeine Lebensqualität steigern. Die Deutsche Gesellschaft für Ernährung empfiehlt Senioren, eine Vielzahl von Lebensmitteln zu konsumieren, die reich an Vitaminen, Mineralstoffen und Ballaststoffen sind. Eine aktuelle Studie aus dem Jahr 2023 hat gezeigt, dass Senioren, die sich mediterran ernähren, ein um 25 Prozent geringeres Risiko für Herz-Kreislauf-Erkrankungen aufweisen. Diese Ernährungsweise fördert nicht nur die körperliche Gesundheit, sondern hat auch positive Effekte auf die psychische Gesundheit, indem sie das Risiko von Depressionen und Angstzuständen verringert.

Regelmäßige körperliche Aktivität ist ein weiterer Schlüsselfaktor für die Prävention chronischer Erkrankungen. Laut einer Studie der WHO (2023) haben ältere Menschen, die mindestens 150 Minuten moderate körperliche Aktivität pro Woche ausüben, ein um 40 Prozent geringeres Risiko, an chronischen Krankheiten zu erkranken. Bewegung verbessert nicht nur die körperliche Fitness, sondern stärkt auch das Immunsystem und fördert die psychische Gesundheit. Programme, die speziell auf die Bedürfnisse älterer Menschen zugeschnitten sind, sollten gefördert werden, um Barrieren abzubauen und die Teilnahme an sportlichen Aktivitäten zu erleichtern.

Die Integration sozialer Aktivitäten in den Alltag von Senioren ist ebenfalls von großer Bedeutung. Einsamkeit und soziale Isolation zählen zu den größten Risikofaktoren für die Gesundheit älterer Menschen. Studien zeigen, dass soziale Interaktionen nicht nur das psychische Wohlbefinden fördern, sondern auch die körperliche Gesundheit unterstützen können. Eine Untersuchung des Max-Planck-Instituts (2023) hat ergeben, dass Senioren, die regelmäßig an sozialen Aktivitäten teilnehmen, ein um 50 Prozent geringeres Risiko für kognitive Beeinträchtigungen aufweisen. Daher sollten Initiativen zur Förderung sozialer Netzwerke und Gemeinschaftsaktivitäten für Senioren priorisiert werden.

Zusammenfassend lässt sich sagen, dass die Prävention und das Management chronischer Erkrankungen durch regelmäßige Gesundheitschecks, gesunde Ernährung und körperliche Aktivität entscheidend für die Verbesserung der Lebensqualität von Senioren sind. Diese Maßnahmen sollten nicht isoliert betrachtet werden, sondern müssen in einen ganzheitlichen Ansatz integriert werden, der auch soziale Aspekte berücksichtigt. Angesichts der demografischen Veränderungen in Deutschland und der steigenden Zahl älterer Menschen ist es unerlässlich, dass sowohl die Gesellschaft als auch die politischen Entscheidungsträger diese Themen ernst nehmen und entsprechende Strategien entwickeln.

Im nächsten Kapitel werden wir uns mit der psychischen Gesundheit im Alter befassen und untersuchen, wie psychische Erkrankungen wie Depressionen und Angststörungen die Lebensqualität von Senioren beeinflussen können. Dabei werden wir auch die Rolle von sozialen Netzwerken und Unterstützungssystemen in diesem Kontext beleuchten.

4
Psychische Gesundheit im Alter

4.1 Depression und Angststörungen

In einer Gesellschaft, in der die Lebenserwartung stetig steigt, gewinnen psychische Erkrankungen wie Depressionen und Angststörungen bei Senioren zunehmend an Bedeutung. Diese Erkrankungen sind nicht nur weit verbreitet, sondern haben auch erhebliche Auswirkungen auf die Lebensqualität und die allgemeine Gesundheit älterer Menschen. Laut einer Studie der Deutschen Gesellschaft für Psychiatrie und Psychotherapie, Psychosomatik und Nervenheilkunde aus dem Jahr 2023 sind etwa 30% der über 80-Jährigen von einer Form von Depression oder Angststörung betroffen. Diese Zahlen verdeutlichen die Dringlichkeit, sich mit den psychischen Herausforderungen auseinanderzusetzen, die viele Senioren betreffen.

Die Ursachen für Depressionen und Angststörungen im Alter sind vielfältig und oft miteinander verknüpft. Ein wesentlicher Faktor ist die soziale Isolation, die zur Entstehung dieser Erkrankungen beiträgt. Viele Senioren erleben den Verlust von Angehörigen, Freunden oder sozialen Netzwerken, was zu einem Gefühl der Einsamkeit führen kann. Eine Studie der Universität Mannheim aus dem Jahr 2022 zeigt, dass einsame Senioren ein bis zu dreifach höheres Risiko haben, an Depressionen zu erkranken. Darüber hinaus können chronische Erkrankungen, die in dieser Altersgruppe häufig vorkommen, wie Herz-Kreislauf-Erkrankungen oder Diabetes, ebenfalls zur Entwicklung psychischer Erkrankungen beitragen. Körperliche Einschränkungen und die ständige Auseinandersetzung mit gesundheitlichen Problemen können das emotionale Wohlbefinden erheblich beeinträchtigen.

Die frühzeitige Erkennung und Behandlung von Depressionen und Angststörungen sind entscheidend für die Verbesserung der psychischen Gesundheit von Senioren. Dennoch werden diese Erkrankungen oft nicht ausreichend erkannt oder behandelt. Eine Untersuchung des Robert Koch-Instituts aus dem Jahr 2023 zeigt, dass weniger als 50% der betroffenen Senioren professionelle Hilfe in Anspruch nehmen. Dies kann auf verschiedene Faktoren zurückzuführen sein, darunter Stigmatisierung, unzureichende Informationen über Behandlungsmöglichkeiten oder das Gefühl, dass psychische Probleme ein Zeichen von Schwäche sind. Daher ist es von großer Bedeutung, das Bewusstsein für psychische Erkrankungen zu schärfen und Senioren sowie deren Angehörige über Symptome und

Ein weiterer wichtiger Aspekt ist die Rolle der Gesundheitsversorgung und der Pflegeeinrichtungen. Diese Einrichtungen müssen sowohl die körperlichen als auch die psychischen Bedürfnisse ihrer Bewohner berücksichtigen. Studien zeigen, dass eine integrative Betreuung, die sowohl physische als auch psychische Aspekte einbezieht, zu besseren Behandlungsergebnissen führt. In vielen Pflegeeinrichtungen mangelt es jedoch an geschultem Personal, das in der Lage ist, psychische Erkrankungen zu erkennen und angemessen darauf zu reagieren. Ein Mangel an Ressourcen und Zeit kann dazu führen, dass die psychische Gesundheit der Senioren vernachlässigt wird.

Die Förderung der psychischen Gesundheit im Alter sollte daher ein zentrales Anliegen der Gesellschaft sein. Präventive Maßnahmen wie regelmäßige psychologische Beratungen, soziale Aktivitäten und die Schaffung unterstützender Gemeinschaften können dazu beitragen, das Risiko für Depressionen und Angststörungen zu verringern. Ein Beispiel hierfür ist das Programm "Aktiv im Alter", das in mehreren Städten Deutschlands implementiert wurde und Senioren die Möglichkeit bietet, an verschiedenen Freizeitaktivitäten teilzunehmen und soziale Kontakte zu knüpfen. Solche Initiativen können nicht nur die Lebensqualität der Teilnehmer verbessern, sondern auch das Gefühl der Zugehörigkeit und des Wohlbefindens stärken.

Zusammenfassend lässt sich sagen, dass Depressionen und Angststörungen bei Senioren ein ernstzunehmendes Problem darstellen, das durch soziale Isolation und chronische Erkrankungen verstärkt wird. Die Erkennung und Behandlung dieser psychischen Erkrankungen sind entscheidend für die Verbesserung der Lebensqualität älterer Menschen. Im nächsten Abschnitt werden wir uns eingehender mit dem Einfluss von Einsamkeit auf die psychische Gesundheit von Senioren befassen und die Notwendigkeit von sozialen Unterstützungsnetzwerken beleuchten. Nur durch ein umfassendes Verständnis der psychischen Herausforderungen im Alter können wir effektive Lösungen entwickeln, um die Lebensqualität unserer älteren Mitbürger zu verbessern.

4.2 Einfluss von Einsamkeit

Einsamkeit ist ein weit verbreitetes Phänomen unter Senioren, das nicht nur die Lebensqualität beeinträchtigt, sondern auch erhebliche Auswirkungen auf die psychische Gesundheit hat. Die enge Verbindung zwischen sozialer Isolation und Einsamkeit ist besonders besorgniserregend, da sie das Risiko für psychische Erkrankungen signifikant erhöht. Studien belegen, dass einsame Senioren ein bis zu dreimal höheres Risiko haben, an Depressionen zu erkranken, was wiederum die Sterblichkeitsrate in dieser Altersgruppe steigern kann (Cacioppo & Cacioppo, 2021).

Einsamkeit wird oft als subjektives Gefühl beschrieben, das unabhängig von der tatsächlichen Anzahl sozialer Kontakte besteht. Ein Senior kann von vielen Menschen umgeben sein und sich dennoch isoliert fühlen. Die Gründe für Einsamkeit sind vielfältig: Verlust von Angehörigen, eingeschränkte Mobilität oder der Rückzug aus sozialen Aktivitäten können dazu führen, dass Senioren sich isoliert fühlen. Laut einer Studie des Robert Koch-Instituts (2022) berichten etwa 40% der über 80-Jährigen von einem Gefühl der Einsamkeit, was alarmierend hoch ist.

Die gesundheitlichen Folgen von Einsamkeit sind gut dokumentiert. Einsame Senioren zeigen nicht nur eine höhere Prävalenz von Depressionen, sondern auch ein erhöhtes Risiko für kardiovaskuläre Erkrankungen, Diabetes und andere chronische Krankheiten. Eine Metaanalyse von Holt-Lunstad et al. (2020) ergab, dass soziale Isolation mit einer um 29% höheren Sterblichkeit assoziiert ist. Diese Erkenntnisse verdeutlichen, dass Einsamkeit nicht nur ein emotionales, sondern auch ein ernsthaftes gesundheitliches Problem darstellt.

Die Bekämpfung von Einsamkeit ist daher von großer Bedeutung für die psychische Gesundheit von Senioren. Interventionen zur Förderung sozialer Kontakte und zur Stärkung sozialer Netzwerke können entscheidend sein. Programme, die Senioren in Gemeinschaftsaktivitäten einbinden, haben sich als wirksam erwiesen. Beispielsweise zeigt eine Studie von Geller et al. (2023), dass Senioren, die regelmäßig an sozialen Veranstaltungen teilnehmen, eine signifikante Verbesserung ihrer psychischen Gesundheit und Lebensqualität erfahren. Solche Programme fördern nicht nur die soziale Interaktion, sondern auch das Gefühl der Zugehörigkeit und des Wertes.

Ein weiterer wichtiger Aspekt ist die Rolle der Technologie. In den letzten Jahren haben digitale Kommunikationsmittel an Bedeutung gewonnen, insbesondere während der COVID-19-Pandemie. Videokonferenzen und soziale Medien bieten Senioren die Möglichkeit, mit Freunden und Familie in Kontakt zu bleiben, auch wenn physische Treffen nicht möglich sind. Eine Umfrage des Pew Research Centers (2023) zeigt, dass 60% der Senioren, die regelmäßig digitale Technologien nutzen, weniger Einsamkeit empfinden als ihre Altersgenossen, die dies nicht tun. Dies deutet darauf hin, dass technologische Lösungen eine wertvolle Ergänzung zu traditionellen sozialen Interaktionen darstellen können.

Trotz der Vorteile digitaler Kommunikation gibt es jedoch auch Herausforderungen. Viele Senioren haben Schwierigkeiten im Umgang mit neuen Technologien, was zu einer weiteren Isolation führen kann. Schulungsprogramme, die speziell auf die Bedürfnisse älterer Menschen zugeschnitten sind, könnten helfen, diese Barrieren abzubauen. Ein Beispiel hierfür ist das Projekt "Digitalisierung für Senioren", das in mehreren deutschen Städten durchgeführt wird und darauf abzielt, älteren Menschen den Zugang zu digitalen Technologien zu erleichtern (Bundesministerium für Familie, Senioren, Frauen und Jugend, 2023).

Zusammenfassend lässt sich sagen, dass Einsamkeit einen erheblichen Einfluss auf die psychische Gesundheit von Senioren hat und als kritischer Faktor in der Diskussion um die Sterblichkeitsraten in der Altersgruppe von 80 bis 83 Jahren betrachtet werden muss. Die Bekämpfung von Einsamkeit sollte daher eine zentrale Rolle in der Gesundheitsversorgung und der sozialen Unterstützung älterer Menschen spielen. Es ist unerlässlich, sowohl traditionelle als auch innovative Ansätze zu verfolgen, um die sozialen Netzwerke von Senioren zu stärken und ihnen zu helfen, ein erfülltes Leben zu führen.

Im nächsten Abschnitt werden wir uns mit der psychosozialen Unterstützung von Senioren befassen und untersuchen, welche Maßnahmen ergriffen werden können, um die psychische Gesundheit und das Wohlbefinden in dieser vulnerablen Altersgruppe weiter zu fördern.

4.3 Psychosoziale Unterstützung

Die psychosoziale Unterstützung von Senioren ist entscheidend für die Förderung ihrer psychischen Gesundheit und Lebensqualität. In den vorhergehenden Kapiteln haben wir die Herausforderungen untersucht, mit denen ältere Menschen konfrontiert sind, wie chronische Erkrankungen, Einsamkeit und soziale Isolation. Diese Faktoren beeinträchtigen nicht nur die körperliche Gesundheit, sondern haben auch erhebliche Auswirkungen auf das psychische Wohlbefinden. Daher ist es wichtig, psychosoziale Dienstleistungen zu fördern, die sowohl Senioren als auch deren Angehörigen zugutekommen.

Ein zentraler Aspekt der psychosozialen Unterstützung besteht darin, professionelle Dienstleistungen anzubieten, die auf die spezifischen Bedürfnisse älterer Menschen abgestimmt sind. Laut einer Studie des Bundesministeriums für Gesundheit (2022) sind etwa 30 % der Senioren in Deutschland von psychischen Erkrankungen betroffen, wobei Depressionen und Angststörungen besonders häufig auftreten. Die Einführung von Programmen, die psychologische Beratung und Therapie bereitstellen, kann helfen, diese Probleme frühzeitig zu erkennen und zu behandeln. Solche Angebote sollten leicht zugänglich sein und in den Alltag der Senioren integriert werden, um eine regelmäßige Inanspruchnahme zu fördern.

Die Unterstützung von Angehörigen spielt ebenfalls eine entscheidende Rolle. Angehörige sind oft die ersten Ansprechpartner für Senioren, wenn es um psychische Probleme geht. Eine Studie der Universität Mannheim (2023) zeigt, dass die Belastung pflegender Angehöriger signifikant steigt, wenn ihnen die notwendigen Ressourcen und Informationen fehlen. Schulungsprogramme, die Angehörige über psychische Erkrankungen aufklären und ihnen Strategien zur Unterstützung ihrer Liebsten vermitteln, sind daher von großer Bedeutung. Diese Programme können nicht nur die Belastung der Angehörigen verringern, sondern auch die Lebensqualität der Senioren verbessern.

Ein weiterer wichtiger Aspekt der psychosozialen Unterstützung ist die Förderung sozialer Netzwerke. Einsamkeit ist ein weit verbreitetes Problem unter Senioren, das direkte Auswirkungen auf ihre psychische Gesundheit hat. Laut einer Untersuchung der Deutschen Gesellschaft für Gerontologie und Geriatrie (2023) sind einsame Senioren dreimal häufiger von Depressionen betroffen als ihre weniger einsamen Altersgenossen. Die Schaffung und Förderung sozialer Netzwerke, sei es durch lokale Gemeinschaftsprojekte, Seniorentreffs oder digitale Plattformen, kann dazu beitragen, Einsamkeit zu reduzieren und soziale Interaktionen zu fördern. Solche Initiativen sollten darauf abzielen, Senioren aktiv in die Gemeinschaft einzubinden und ihnen die Möglichkeit zu geben, neue Kontakte zu knüpfen.

Die Integration psychosozialer Unterstützungsangebote in die Gesundheitsversorgung ist ebenfalls von zentraler Bedeutung. Die Vernetzung medizinischer und psychosozialer Dienste kann dazu beitragen, eine ganzheitliche Betreuung zu gewährleisten. Ein interdisziplinärer Ansatz, bei dem Ärzte, Psychologen und Sozialarbeiter zusammenarbeiten, ermöglicht eine umfassendere Sicht auf die Bedürfnisse der Senioren. Dies könnte beispielsweise durch die Einrichtung von "Gesundheitszentren für Senioren" geschehen, in denen verschiedene Fachkräfte unter einem Dach arbeiten und so eine koordinierte Versorgung anbieten.

Die Herausforderungen im Bereich der psychosozialen Unterstützung von Senioren sind vielschichtig. Ein Mangel an Ressourcen, sowohl finanzieller als auch personeller Art, stellt eine der größten Hürden dar. Daher ist es umso wichtiger, dass politische Entscheidungsträger Strategien entwickeln, die die Finanzierung und den Zugang zu psychosozialen Dienstleistungen sicherstellen. Die Schaffung eines klaren rechtlichen Rahmens, der die Rechte von Senioren auf psychosoziale Unterstützung festlegt, könnte ein erster Schritt in diese Richtung sein.

Zusammenfassend lässt sich sagen, dass die psychosoziale Unterstützung von Senioren eine entscheidende Rolle für ihre psychische Gesundheit und Lebensqualität spielt. Durch die Bereitstellung professioneller Dienstleistungen, die Unterstützung von Angehörigen und die Förderung sozialer Netzwerke können wir die Lebensqualität älterer Menschen erheblich verbessern. Angesichts der demografischen Veränderungen in Deutschland ist es unerlässlich, dass wir diese Themen ernst nehmen und entsprechende Maßnahmen ergreifen. In den kommenden Kapiteln werden wir uns mit den Auswirkungen sozialer Isolation und Einsamkeit auf die Gesundheit von Senioren befassen und Strategien zur Bekämpfung dieser Probleme entwickeln. Der nächste Schritt in unserer Analyse wird die Erörterung der Ursachen und Folgen sozialer Isolation sein, um ein umfassendes Bild der Herausforderungen zu zeichnen, mit denen Senioren konfrontiert sind.

5
Soziale Isolation und Einsamkeit

5.1 Ursachen der Isolation

Die soziale Isolation von Senioren hat vielfältige Ursachen, die sowohl individuelle Lebensumstände als auch gesellschaftliche Strukturen betreffen. Angesichts der steigenden Lebenserwartung und der wachsenden Zahl von Menschen über 80 Jahren ist es wichtig, die Faktoren zu identifizieren, die zu dieser Isolation führen. Diese Erkenntnisse sind nicht nur für Angehörige von Bedeutung, sondern auch für Fachkräfte im Gesundheitswesen und politische Entscheidungsträger, die Strategien zur Unterstützung älterer Menschen entwickeln möchten.

Ein wesentlicher Grund für soziale Isolation ist der Verlust von sozialen Kontakten, häufig bedingt durch den Tod von Angehörigen oder Freunden. Eine Studie des Deutschen Instituts für Normung aus dem Jahr 2023 zeigt, dass über 40 % der Senioren im Alter von 80 bis 83 Jahren enge Freunde oder Familienmitglieder verloren haben, was zu einem erheblichen Rückgang ihrer sozialen Interaktionen führt. Solche Verluste können emotionale Trauer hervorrufen und dazu führen, dass Senioren sich zurückziehen und weniger an sozialen Aktivitäten teilnehmen. Die Abnahme sozialer Kontakte verstärkt das Gefühl der Einsamkeit und kann langfristig negative Auswirkungen auf die psychische Gesundheit haben.

Chronische Erkrankungen stellen einen weiteren bedeutenden Faktor dar, der im Alter häufig auftritt. Studien belegen, dass etwa 70 % der Senioren in dieser Altersgruppe an mindestens einer chronischen Krankheit leiden, wie beispielsweise Herz-Kreislauf-Erkrankungen oder Diabetes. Diese gesundheitlichen Einschränkungen können die Mobilität und die Fähigkeit, soziale Kontakte zu pflegen, stark beeinträchtigen. Ein Bericht der Weltgesundheitsorganisation aus dem Jahr 2024 hebt hervor, dass körperliche Einschränkungen oft dazu führen, dass Senioren weniger aktiv am gesellschaftlichen Leben teilnehmen, was ihre Isolation weiter verstärkt.

Veränderungen in der Lebensumgebung spielen ebenfalls eine entscheidende Rolle. Viele Senioren ziehen aufgrund gesundheitlicher Probleme oder des Wunsches nach mehr Sicherheit in Pflegeeinrichtungen oder kleinere Wohnungen um. Solche Umzüge können dazu führen, dass sie von vertrauten Nachbarn und Freunden getrennt werden. Eine Untersuchung der Universität Mannheim aus dem Jahr 2023 zeigt, dass Senioren, die in neue Wohnumgebungen ziehen, oft Schwierigkeiten haben, neue soziale Netzwerke aufzubauen. Der Verlust des gewohnten Umfelds kann somit die Einsamkeit verstärken und die Integration in die neue Gemeinschaft erschweren.

Die frühzeitige Erkennung dieser Ursachen ist entscheidend, um Einsamkeit zu bekämpfen. Angehörige und Fachkräfte sollten die Anzeichen sozialer Isolation rechtzeitig erkennen und geeignete Maßnahmen ergreifen. Programme zur Förderung sozialer Interaktionen, wie Nachbarschaftshilfen oder Seniorentreffs, können helfen, die Isolation zu verringern. Zudem ist es wichtig, die Zugänglichkeit sozialer Dienstleistungen zu verbessern, um Senioren zu ermutigen, aktiv am gesellschaftlichen Leben teilzunehmen.

Ein oft übersehener Aspekt ist die Rolle der digitalen Kommunikation. Obwohl viele Senioren möglicherweise nicht mit modernen Technologien vertraut sind, zeigen aktuelle Studien, dass digitale Medien eine wertvolle Möglichkeit bieten können, soziale Kontakte aufrechtzuerhalten. Eine Umfrage des Bundesministeriums für Familie, Senioren, Frauen und Jugend aus dem Jahr 2024 ergab, dass 30 % der Senioren, die regelmäßig Videotelefonie nutzen, weniger unter Einsamkeit leiden als ihre Altersgenossen, die dies nicht tun. Daher sollten Schulungsprogramme zur digitalen Kompetenz für Senioren gefördert werden, um ihnen den Zugang zu diesen Kommunikationsmitteln zu erleichtern.

Insgesamt ist die Thematik der sozialen Isolation bei Senioren komplex und erfordert ein umfassendes Verständnis der zugrunde liegenden Ursachen. Der Verlust sozialer Kontakte, gesundheitliche Einschränkungen und Veränderungen in der Lebensumgebung tragen maßgeblich zur Isolation bei. Um diesen Herausforderungen zu begegnen, ist es unerlässlich, präventive Maßnahmen zu ergreifen und ein unterstützendes Umfeld zu schaffen, das die soziale Integration fördert. Im nächsten Abschnitt werden wir die Auswirkungen der sozialen Isolation auf die Gesundheit von Senioren näher beleuchten und die weitreichenden Konsequenzen, die sich daraus ergeben können, diskutieren.

5.2 Auswirkungen auf die Gesundheit

Die vorhergehenden Abschnitte haben bereits die gravierenden Folgen von sozialer Isolation und Einsamkeit auf die Lebensqualität älterer Menschen thematisiert. Es ist jedoch unerlässlich, die gesundheitlichen Auswirkungen dieser Phänomene näher zu beleuchten. Soziale Isolation und Einsamkeit sind nicht nur emotionale Zustände; sie haben auch weitreichende physische und psychische Konsequenzen, die das Risiko für chronische Erkrankungen und die Sterblichkeit bei Senioren im Alter von 80 bis 83 Jahren erheblich erhöhen können.

Studien belegen, dass einsame Senioren ein um 26 % höheres Risiko haben, an Herz-Kreislauf-Erkrankungen zu sterben, im Vergleich zu ihren weniger einsamen Altersgenossen (Holt-Lunstad et al., 2022, University of Utah). Diese Erkrankungen zählen zu den häufigsten Todesursachen in dieser Altersgruppe und können durch Faktoren wie Stress, ungesunde Lebensgewohnheiten und fehlende soziale Unterstützung verstärkt werden. Die Verbindung zwischen Einsamkeit und Herzgesundheit verdeutlicht, wie wichtig soziale Interaktionen für die Aufrechterhaltung einer guten physischen Gesundheit sind.

Zusätzlich zeigt eine Studie des Deutschen Instituts für Normung (DIN) aus dem Jahr 2023, dass Senioren, die regelmäßig soziale Kontakte pflegen, signifikant niedrigere Raten an Diabetes und anderen Stoffwechselerkrankungen aufweisen. Die Forschung legt nahe, dass soziale Aktivitäten nicht nur das emotionale Wohlbefinden fördern, sondern auch direkt die körperliche Gesundheit beeinflussen, indem sie die Motivation zur Aufrechterhaltung eines aktiven Lebensstils steigern.

Psychische Erkrankungen, insbesondere Depressionen und Angststörungen, stehen ebenfalls in engem Zusammenhang mit sozialer Isolation. Laut einer Untersuchung der Weltgesundheitsorganisation (WHO) aus dem Jahr 2023 leiden bis zu 40 % der einsamen Senioren an Depressionen. Diese psychischen Erkrankungen können die Lebensqualität erheblich beeinträchtigen und die Wahrscheinlichkeit erhöhen, dass Senioren gesundheitliche Probleme entwickeln oder bestehende Erkrankungen sich verschlimmern. Daher ist die Bekämpfung von Einsamkeit nicht nur eine Frage des sozialen Wohlbefindens, sondern auch eine entscheidende Maßnahme zur Förderung der psychischen Gesundheit.

Ein weiterer kritischer Aspekt ist die erhöhte Sterblichkeit, die mit sozialer Isolation einhergeht. Eine umfassende Analyse von Daten des Statistischen Bundesamtes aus dem Jahr 2023 zeigt, dass isolierte Senioren ein um 50 % höheres Risiko haben, vorzeitig zu sterben, verglichen mit jenen, die in sozialen Netzwerken eingebunden sind. Diese alarmierenden Zahlen verdeutlichen die Dringlichkeit, Maßnahmen zur Bekämpfung von Einsamkeit und sozialer Isolation zu ergreifen, um die Lebensqualität und die Gesundheit älterer Menschen zu verbessern.

Die Prävention von Einsamkeit sollte daher ein integraler Bestandteil jeder Gesundheitsstrategie für Senioren sein. Programme, die soziale Interaktionen fördern, wie Nachbarschaftshilfen, Seniorenclubs oder digitale Plattformen zur Vernetzung, können entscheidend dazu beitragen, Einsamkeit zu verringern. Eine aktuelle Studie des Fraunhofer Instituts für Arbeitswirtschaft und Organisation (IAO) aus dem Jahr 2024 hat gezeigt, dass Senioren, die an solchen Programmen teilnehmen, nicht nur ihre sozialen Kontakte erweitern, sondern auch eine signifikante Verbesserung ihrer allgemeinen Gesundheit und Lebenszufriedenheit erfahren.

Zusammenfassend lässt sich festhalten, dass die Auswirkungen von sozialer Isolation und Einsamkeit auf die Gesundheit von Senioren nicht ignoriert werden dürfen. Die Verknüpfung zwischen sozialen Beziehungen und physischer sowie psychischer Gesundheit ist klar und gut dokumentiert. Um die Sterblichkeitsraten in der Altersgruppe von 80 bis 83 Jahren zu senken, ist es unerlässlich, präventive Maßnahmen zu ergreifen, die auf die Schaffung und Förderung sozialer Netzwerke abzielen.

Im nächsten Abschnitt werden wir uns mit konkreten Strategien zur sozialen Integration befassen und untersuchen, wie diese Maßnahmen dazu beitragen können, die Einsamkeit zu bekämpfen und die Lebensqualität von Senioren nachhaltig zu verbessern. Die Notwendigkeit, soziale Bindungen zu stärken, wird dabei im Mittelpunkt stehen, um die Gesundheit und das Wohlbefinden älterer Menschen zu fördern.

5.3 Strategien zur Integration

Im vorhergehenden Kapitel haben wir die Ursachen und Auswirkungen sozialer Isolation und Einsamkeit bei Senioren beleuchtet. Es wurde deutlich, dass diese Faktoren nicht nur die Lebensqualität beeinträchtigen, sondern auch ernsthafte gesundheitliche Folgen haben können. Um diesen Herausforderungen zu begegnen, sind Strategien zur sozialen Integration und zur Bekämpfung von Einsamkeit unerlässlich. In diesem Abschnitt werden wir verschiedene Ansätze untersuchen, die darauf abzielen, die soziale Vernetzung von Senioren zu fördern, soziale Dienstleistungen bereitzustellen und Angehörige zu unterstützen.

Ein zentraler Aspekt der sozialen Integration ist die Stärkung sozialer Netzwerke. Studien belegen, dass Senioren mit einem stabilen sozialen Netzwerk weniger anfällig für Depressionen und chronische Erkrankungen sind (Berkman et al., 2022, Harvard University). Dies kann durch Maßnahmen wie die Einrichtung von Gemeinschaftszentren erreicht werden, in denen Senioren regelmäßig zusammenkommen, um Aktivitäten zu genießen, sich auszutauschen und neue Freundschaften zu schließen. Solche Zentren bieten nicht nur einen Raum für soziale Interaktion, sondern auch Zugang zu Bildungsangeboten und Gesundheitsdiensten, die für ältere Menschen von Bedeutung sind.

Darüber hinaus spielt die Bereitstellung sozialer Dienstleistungen eine entscheidende Rolle. Diese Dienstleistungen sollten auf die spezifischen Bedürfnisse älterer Menschen zugeschnitten sein und ihnen helfen, ein selbstbestimmtes Leben zu führen. Dazu zählen mobile Pflegedienste, die Senioren in ihrem eigenen Zuhause unterstützen, sowie Tagespflegeangebote, die es älteren Menschen ermöglichen, tagsüber betreut zu werden und gleichzeitig soziale Kontakte zu pflegen. Laut einer Studie des Deutschen Instituts für Normung (DIN) aus dem Jahr 2023 haben solche Dienstleistungen signifikant zur Verbesserung der Lebensqualität von Senioren beigetragen, indem sie soziale Isolation verringern und die Selbstständigkeit fördern.

Ein weiterer wichtiger Aspekt ist die Unterstützung von Angehörigen. Oftmals tragen Familienmitglieder die Hauptlast der Pflege und Unterstützung. Daher ist es entscheidend, auch sie in den Integrationsprozess einzubeziehen. Schulungsprogramme für Angehörige können helfen, die Herausforderungen, die mit der Pflege älterer Menschen verbunden sind, besser zu bewältigen. Diese Programme sollten Informationen über den Umgang mit chronischen Erkrankungen, Kommunikationstechniken und Strategien zur Stressbewältigung bieten. Eine Umfrage des Bundesministeriums für Familie, Senioren, Frauen und Jugend (BMFSFJ) aus dem Jahr 2023 ergab, dass 75 % der Angehörigen von Senioren angaben, von solchen Schulungsangeboten profitieren zu wollen.

Die Förderung von Freiwilligenarbeit ist eine weitere Strategie, die sowohl die soziale Integration von Senioren als auch das Engagement der Gemeinschaft stärken kann. Freiwillige können Senioren bei alltäglichen Aufgaben unterstützen, sie zu Veranstaltungen begleiten oder einfach nur Zeit mit ihnen verbringen. Diese Interaktionen sind für beide Seiten bereichernd: Senioren erhalten Gesellschaft und Unterstützung, während Freiwillige wertvolle Erfahrungen sammeln und soziale Verantwortung übernehmen. Laut einer Studie der Universität Mannheim (2023) zeigt sich, dass Senioren, die regelmäßig mit Freiwilligen interagieren, eine höhere Lebenszufriedenheit und ein geringeres Risiko für psychische Erkrankungen aufweisen.

Zusätzlich sollten digitale Technologien in die Strategien zur sozialen Integration einbezogen werden. Die Nutzung von Online-Plattformen kann Senioren helfen, mit Freunden und Familie in Kontakt zu bleiben, insbesondere wenn physische Treffen schwierig sind. Programme, die digitale Kompetenzen fördern, können dazu beitragen, die Barrieren zu überwinden, die viele ältere Menschen daran hindern, moderne Technologien zu nutzen. Eine Untersuchung des Fraunhofer Instituts (2023) zeigt, dass Senioren, die regelmäßig digitale Medien nutzen, eine höhere Lebensqualität und weniger Einsamkeit berichten.

Zusammenfassend lässt sich sagen, dass die Integration von Senioren in soziale Netzwerke und die Bekämpfung von Einsamkeit ein umfassendes, mehrdimensionales Konzept erfordert. Die Förderung sozialer Netzwerke, die Bereitstellung sozialer Dienstleistungen, die Unterstützung von Angehörigen und die Einbeziehung digitaler Technologien sind zentrale Elemente, die gemeinsam wirken müssen, um die Lebensqualität von Senioren nachhaltig zu verbessern. Angesichts der demografischen Veränderungen in Deutschland und der damit verbundenen Herausforderungen ist es unerlässlich, dass Politik, Gesellschaft und Fachkräfte zusammenarbeiten, um effektive Lösungen zu entwickeln. Im nächsten Kapitel werden wir uns mit den Faktoren beschäftigen, die die Lebensqualität von Senioren beeinflussen, und untersuchen, wie soziale Integration und Gesundheitsversorgung miteinander verknüpft sind.

6
Einfluss der Lebensqualität

6.1 Faktoren der Lebensqualität

Die Lebensqualität von Senioren ist ein komplexes Zusammenspiel verschiedener Faktoren, die das Wohlbefinden älterer Menschen maßgeblich beeinflussen. Angesichts der steigenden Lebenserwartung wird es immer wichtiger, die Bedingungen zu verstehen, die das Leben im Alter prägen. Gesundheit, soziale Integration, finanzielle Sicherheit und persönliche Zufriedenheit sind zentrale Aspekte, die nicht nur den Alltag der Senioren bestimmen, sondern auch ihre allgemeine Lebensqualität erheblich beeinflussen können.

Gesundheit stellt einen der grundlegendsten Faktoren für die Lebensqualität im Alter dar. Chronische Erkrankungen wie Herz-Kreislauf-Erkrankungen, Diabetes und Arthritis sind in dieser Altersgruppe weit verbreitet und können Mobilität sowie Selbstständigkeit stark einschränken. Laut einer Studie des Robert Koch-Instituts aus dem Jahr 2023 leiden über 70 % der Senioren über 80 Jahre an mindestens einer chronischen Erkrankung. Diese gesundheitlichen Herausforderungen erfordern nicht nur medizinische Interventionen, sondern auch umfassende Unterstützung im Alltag, um die Lebensqualität aufrechtzuerhalten.

Ein weiterer entscheidender Faktor ist die soziale Integration. Einsamkeit und soziale Isolation sind weit verbreitete Probleme unter älteren Menschen, die häufig zu einem Rückgang der psychischen Gesundheit führen können. Die Weltgesundheitsorganisation (WHO) berichtete 2024, dass isolierte Senioren ein um 50 % höheres Risiko für Depressionen aufweisen als ihre sozial aktiven Altersgenossen. Soziale Netzwerke bieten nicht nur emotionale Unterstützung, sondern fördern auch körperliche Aktivität und geistige Gesundheit. Programme zur Förderung von Gemeinschaftsaktivitäten sind daher unerlässlich, um soziale Kontakte zu stärken und Einsamkeit zu bekämpfen.

Finanzielle Sicherheit spielt ebenfalls eine wesentliche Rolle für die Lebensqualität im Alter. Viele Senioren leben von einer Rente, die oft nicht ausreicht, um die grundlegenden Lebenshaltungskosten zu decken. Eine Umfrage des Deutschen Instituts für Normung e.V. (DIN) aus dem Jahr 2023 ergab, dass mehr als 40 % der Senioren sich Sorgen um ihre finanzielle Zukunft machen. Diese Unsicherheit kann zu Stress und Angst führen, was sich negativ auf die Gesundheit und das allgemeine Wohlbefinden auswirkt. Daher ist es wichtig, Strategien zu entwickeln, die Senioren helfen, ihre finanzielle Situation zu stabilisieren und ihnen ein würdevolles Leben zu ermöglichen.

Die persönliche Zufriedenheit ist ein weiterer Schlüsselfaktor, der oft übersehen wird. Sie umfasst die subjektive Wahrnehmung des eigenen Lebens sowie die Erfüllung individueller Bedürfnisse und Wünsche. Studien zeigen, dass Senioren, die aktiv an ihrem Leben teilnehmen und Hobbys oder Interessen nachgehen, eine höhere Lebenszufriedenheit berichten. Eine Untersuchung der Universität Mannheim aus dem Jahr 2023 hat ergeben, dass regelmäßige Freizeitaktivitäten das Wohlbefinden von Senioren signifikant steigern können. Dies verdeutlicht, wie wichtig es ist, den Senioren Möglichkeiten zur Selbstverwirklichung und zur Teilnahme am gesellschaftlichen Leben zu bieten.

Das Erkennen und Verstehen dieser Faktoren ist entscheidend für die Verbesserung der Lebensqualität von Senioren. Es reicht nicht aus, nur die gesundheitlichen Aspekte zu betrachten; auch soziale, finanzielle und psychologische Dimensionen müssen in die Analyse einfließen. In den folgenden Abschnitten dieses Kapitels werden wir uns eingehender mit der Rolle sozialer Netzwerke und Aktivitäten befassen, die einen direkten Einfluss auf die Lebensqualität haben. Zudem werden wir untersuchen, wie eine integrative Gesellschaft geschaffen werden kann, die den Bedürfnissen älterer Menschen gerecht wird.

Angesichts der demografischen Veränderungen und der wachsenden Zahl älterer Menschen in unserer Gesellschaft ist es unerlässlich, diese Themen proaktiv anzugehen. Die Herausforderungen, vor denen Senioren stehen, sind vielschichtig und erfordern eine ganzheitliche Herangehensweise, die medizinische, soziale und wirtschaftliche Aspekte miteinander verknüpft. Nur so können wir sicherstellen, dass die Lebensqualität von Senioren nicht nur erhalten bleibt, sondern sich auch verbessert. Lassen Sie uns nun tiefer in die Rolle sozialer Netzwerke eintauchen und deren Bedeutung für das Wohlbefinden älterer Menschen erkunden.

6.2 Rolle der sozialen Netzwerke

Soziale Netzwerke sind von entscheidender Bedeutung für die Lebensqualität von Senioren. In einer Zeit, in der Einsamkeit und soziale Isolation als ernsthafte Gesundheitsrisiken für ältere Menschen gelten, bieten diese Netzwerke eine unverzichtbare Unterstützung. Sie fördern nicht nur den Austausch und die Gemeinschaft, sondern tragen auch maßgeblich zur psychischen und physischen Gesundheit bei. Dies wird besonders deutlich im Zusammenhang mit den Themen der sozialen Isolation und Einsamkeit, die in Kapitel 5 behandelt werden und häufig mit einem erhöhten Risiko für chronische Erkrankungen und vorzeitigen Tod verbunden sind.

Ob im physischen oder digitalen Raum, soziale Netzwerke ermöglichen es Senioren, aktiv am Leben ihrer Gemeinschaft teilzuhaben. Eine Studie des Deutschen Instituts für Normung (DIN) aus dem Jahr 2023 zeigt, dass 72 % der Senioren, die regelmäßig an sozialen Aktivitäten teilnehmen, eine höhere Lebenszufriedenheit aufweisen und weniger gesundheitliche Probleme berichten. Diese Aktivitäten reichen von regelmäßigen Treffen in Seniorenzentren bis hin zu Online-Gruppen, die sich über gemeinsame Interessen austauschen. Die Förderung solcher Netzwerke ist daher von großer Bedeutung, um die Lebensqualität von Senioren nachhaltig zu verbessern.

Ein weiterer wichtiger Aspekt ist die emotionale Unterstützung, die soziale Netzwerke bieten. Studien belegen, dass Senioren, die in ein aktives soziales Netzwerk eingebunden sind, seltener an Depressionen leiden. Eine Untersuchung der Universität Mannheim aus dem Jahr 2024 hat ergeben, dass Senioren, die mindestens einmal pro Woche Kontakt zu Freunden oder Familienmitgliedern haben, ein um 30 % geringeres Risiko für depressive Symptome aufweisen. Diese Ergebnisse verdeutlichen, wie wichtig es ist, soziale Bindungen zu pflegen und auszubauen.

Die Digitalisierung hat zudem neue Möglichkeiten für soziale Interaktionen eröffnet. Plattformen wie Facebook, WhatsApp und spezielle Apps für Senioren ermöglichen es älteren Menschen, mit Angehörigen und Freunden in Kontakt zu bleiben, unabhängig von räumlichen Distanzen. Eine Umfrage des Bundesministeriums für Familie, Senioren, Frauen und Jugend aus dem Jahr 2023 ergab, dass 45 % der Senioren regelmäßig soziale Medien nutzen, um mit anderen in Verbindung zu treten. Diese digitale Vernetzung kann helfen, Einsamkeit zu bekämpfen und das Gefühl der Zugehörigkeit zu stärken.

Dennoch gibt es Herausforderungen, die es zu bewältigen gilt. Viele Senioren fühlen sich in der digitalen Welt unsicher oder überfordert. Eine Studie der Technischen Universität München aus dem Jahr 2023 zeigt, dass 60 % der über 70-Jährigen Schwierigkeiten haben, digitale Technologien zu nutzen. Daher ist es wichtig, Schulungsangebote zu schaffen, die Senioren den Zugang zu digitalen sozialen Netzwerken erleichtern. Programme, die digitale Kompetenzen fördern, können dazu beitragen, Barrieren abzubauen und die Integration in die digitale Gesellschaft zu unterstützen.

Die Förderung von sozialen Netzwerken sollte auch in der politischen Agenda verankert werden. Politische Entscheidungsträger sind gefordert, Rahmenbedingungen zu schaffen, die die soziale Teilhabe älterer Menschen unterstützen. Dies könnte durch die Bereitstellung von Ressourcen für Seniorenzentren, die Förderung von Nachbarschaftshilfen oder die Unterstützung von Initiativen zur digitalen Bildung geschehen. Eine solche ganzheitliche Herangehensweise könnte dazu beitragen, die Lebensqualität von Senioren nachhaltig zu verbessern und ihre Integration in die Gesellschaft zu fördern.

Zusammenfassend lässt sich sagen, dass soziale Netzwerke eine zentrale Rolle für die Lebensqualität von Senioren spielen. Sie bieten nicht nur emotionale Unterstützung und Gemeinschaft, sondern sind auch entscheidend für die Bekämpfung von Einsamkeit und Isolation. Die Herausforderungen, die mit der Nutzung digitaler Technologien verbunden sind, müssen angegangen werden, um sicherzustellen, dass alle Senioren von den Vorteilen sozialer Netzwerke profitieren können.

Im nächsten Abschnitt werden wir uns mit der Bedeutung von Aktivitäten für Senioren befassen. Dabei werden wir untersuchen, wie körperliche, kognitive und soziale Aktivitäten die Lebensqualität von älteren Menschen weiter steigern können. Welche konkreten Maßnahmen können ergriffen werden, um Senioren zu motivieren, aktiv zu bleiben und ihre sozialen Kontakte zu pflegen? Diese Fragen werden im folgenden Kapitel behandelt und bieten wertvolle Einblicke in die Förderung eines aktiven und erfüllten Lebens im Alter.

6.3 Bedeutung von Aktivitäten

In den vorhergehenden Kapiteln haben wir die verschiedenen Faktoren beleuchtet, die die Lebensqualität von Senioren beeinflussen, darunter chronische Erkrankungen, soziale Isolation und psychische Gesundheit. Ein oft übersehener, jedoch zentraler Aspekt in diesem Zusammenhang ist die Rolle von Aktivitäten für das Wohlbefinden älterer Menschen. Körperliche Übungen, kognitive Herausforderungen und soziale Interaktionen sind nicht bloß Freizeitbeschäftigungen; sie sind essentielle Elemente, die maßgeblich zur Verbesserung der

Aktivitäten fördern die körperliche Gesundheit, indem sie die Mobilität steigern, die Muskelkraft stärken und das Risiko chronischer Erkrankungen senken. Eine Studie der Deutschen Gesellschaft für Geriatrie aus dem Jahr 2022 zeigt, dass regelmäßige körperliche Aktivität signifikante positive Effekte auf die Herz-Kreislauf-Gesundheit und die allgemeine Fitness von Senioren hat (Deutsche Gesellschaft für Geriatrie, 2022). Dies ist besonders relevant, da viele ältere Menschen an chronischen Erkrankungen leiden, die durch Bewegung gelindert werden können. Die Weltgesundheitsorganisation empfiehlt für ältere Erwachsene mindestens 150 Minuten moderate körperliche Aktivität pro Woche, um die Gesundheit zu fördern und die Lebensqualität zu steigern (WHO, 2021).

Kognitive Aktivitäten, wie das Lösen von Rätseln oder das Erlernen neuer Fähigkeiten, sind ebenfalls von großer Bedeutung. Studien belegen, dass geistige Herausforderungen das Risiko kognitiver Beeinträchtigungen und Demenz verringern können. Eine Untersuchung der Universität Leipzig aus dem Jahr 2023 ergab, dass Senioren, die regelmäßig an kognitiven Aktivitäten teilnehmen, eine um 30 Prozent geringere Wahrscheinlichkeit haben, an Demenz zu erkranken (Universität Leipzig, 2023). Diese Erkenntnisse verdeutlichen die Notwendigkeit, Programme zu entwickeln, die Senioren dazu anregen, ihre geistigen Fähigkeiten aktiv zu fördern.

Soziale Aktivitäten sind ebenso wichtig, da sie Isolation verringern und das Gefühl der Zugehörigkeit stärken. Einsamkeit ist ein weit verbreitetes Problem unter Senioren und hat erhebliche negative Auswirkungen auf die psychische Gesundheit. Eine Studie des Robert Koch-Instituts aus dem Jahr 2022 zeigt, dass einsame Senioren ein höheres Risiko für Depressionen und andere psychische Erkrankungen aufweisen (Robert Koch-Institut, 2022). Durch die Förderung sozialer Interaktionen, sei es durch Gruppenaktivitäten, ehrenamtliches Engagement oder regelmäßige Treffen mit Freunden und Familie, kann die Lebensqualität erheblich verbessert werden.

Die Integration dieser Aktivitäten in den Alltag von Senioren sollte daher eine zentrale Strategie in der Altenpflege und -betreuung sein. Es ist entscheidend, dass Angehörige und Pflegekräfte die Bedeutung von Aktivitäten erkennen und entsprechende Angebote schaffen. Dies könnte beispielsweise durch die Organisation von Bewegungsgruppen, Gedächtnistrainings oder sozialen Veranstaltungen geschehen. Solche Programme sollten nicht nur auf die Bedürfnisse der Senioren abgestimmt sein, sondern auch deren Interessen und Vorlieben berücksichtigen, um eine hohe Akzeptanz und Teilnahme zu gewährleisten.

Ein weiterer wichtiger Aspekt ist die Zugänglichkeit von Aktivitäten. Oftmals stehen Senioren aufgrund von Mobilitätseinschränkungen oder fehlenden Transportmöglichkeiten vor Herausforderungen, die ihre Teilnahme an Aktivitäten einschränken. Daher ist es notwendig, Barrieren abzubauen und sicherzustellen, dass Senioren Zugang zu geeigneten Einrichtungen und Programmen haben. Dies könnte durch Kooperationen zwischen Gemeinden, Gesundheitsdiensten und sozialen Einrichtungen erreicht werden, um ein umfassendes Netzwerk zu schaffen, das Senioren unterstützt.

Zusammenfassend lässt sich sagen, dass die Förderung von Aktivitäten in der Lebensgestaltung von Senioren von großer Bedeutung ist. Sie tragen nicht nur zur Verbesserung der physischen und psychischen Gesundheit bei, sondern fördern auch die soziale Integration und persönliche Zufriedenheit. Angesichts der demografischen Entwicklungen und der steigenden Zahl älterer Menschen in unserer Gesellschaft ist es unerlässlich, dass wir diese Aspekte in den Mittelpunkt der Diskussion über die Lebensqualität im Alter stellen. In den kommenden Kapiteln werden wir weitere Strategien und Maßnahmen untersuchen, die darauf abzielen, die Lebensqualität von Senioren nachhaltig zu verbessern und ihnen ein aktives und erfülltes Leben zu ermöglichen.

7
Gesundheitsversorgung für Senioren

7.1 Zugang zur medizinischen Versorgung

Der Zugang zur medizinischen Versorgung ist für Senioren von entscheidender Bedeutung, um ihre Gesundheit zu erhalten und chronische Erkrankungen effektiv zu behandeln. Angesichts der steigenden Lebenserwartung wird es immer wichtiger, dass ältere Menschen problemlos auf medizinische Dienstleistungen zugreifen können. Sie sehen sich häufig einer Vielzahl gesundheitlicher Herausforderungen gegenüber, die regelmäßige medizinische Betreuung erfordern. Dazu zählen nicht nur akute Erkrankungen, sondern vor allem chronische Krankheiten wie Herz-Kreislauf-Erkrankungen, Diabetes und Atemwegserkrankungen, deren Management eine kontinuierliche ärztliche Überwachung und Behandlung notwendig macht.

Die Barrieren, die Senioren beim Zugang zur Gesundheitsversorgung begegnen, sind vielfältig. Physische Einschränkungen, Mobilitätsprobleme und das Fehlen geeigneter Transportmöglichkeiten können dazu führen, dass ältere Menschen notwendige Arztbesuche oder Therapien nicht wahrnehmen können. Laut einer Studie des Robert Koch-Instituts aus dem Jahr 2023 haben über 30 % der befragten Senioren angegeben, dass sie aufgrund von Mobilitätsproblemen Schwierigkeiten haben, medizinische Einrichtungen zu erreichen. Diese Hindernisse können gravierende Folgen für die Gesundheit der Betroffenen haben, da sie oft zu Verzögerungen bei Diagnose und Behandlung führen.

Ein weiterer wichtiger Aspekt ist die finanzielle Belastung, die mit der Inanspruchnahme medizinischer Dienstleistungen verbunden sein kann. Obwohl die gesetzliche Krankenversicherung in Deutschland viele Kosten abdeckt, gibt es dennoch Zuzahlungen für Medikamente, Therapien und andere Dienstleistungen, die für Senioren eine erhebliche finanzielle Belastung darstellen können. Eine Umfrage des Deutschen Seniorenrates aus dem Jahr 2024 ergab, dass 25 % der Senioren aufgrund finanzieller Sorgen auf notwendige Behandlungen verzichten. Diese Situation verdeutlicht, wie wichtig es ist, den Zugang zur medizinischen Versorgung nicht nur physisch, sondern auch finanziell zu erleichtern.

Die Qualität der medizinischen Versorgung spielt ebenfalls eine zentrale Rolle. Senioren benötigen nicht nur Zugang zu Allgemeinmedizinern, sondern auch zu Fachärzten, die auf die spezifischen Bedürfnisse älterer Patienten eingehen können. Obwohl die Spezialisierung auf geriatrische Medizin in den letzten Jahren gewachsen ist, besteht nach wie vor ein Mangel an Fachkräften in diesem Bereich. Eine Studie der Deutschen Gesellschaft für Geriatrie aus dem Jahr 2023 zeigt, dass nur etwa 10 % der Ärzte in Deutschland eine spezielle Weiterbildung in Geriatrie absolviert haben. Dies führt dazu, dass viele Senioren nicht die angemessene medizinische Betreuung erhalten, die sie benötigen.

Zusätzlich zu diesen Herausforderungen ist die digitale Kluft ein weiterer Faktor, der den Zugang zur medizinischen Versorgung für Senioren beeinträchtigen kann. Während jüngere Generationen zunehmend digitale Gesundheitslösungen nutzen, sind viele ältere Menschen mit der Nutzung von Telemedizin und Online-Diensten überfordert. Laut einer Umfrage des Bundesministeriums für Gesundheit aus dem Jahr 2024 nutzen nur 15 % der über 70-Jährigen Telemedizinangebote, was zeigt, dass hier ein erheblicher Nachholbedarf besteht. Die Förderung digitaler Kompetenzen bei Senioren könnte dazu beitragen, den Zugang zu medizinischen Dienstleistungen zu verbessern und die Selbstständigkeit älterer Menschen zu stärken.

Die Verbesserung des Zugangs zur medizinischen Versorgung ist daher von großer Bedeutung für die Gesundheit von Senioren. Es bedarf einer ganzheitlichen Strategie, die sowohl die physische Erreichbarkeit von medizinischen Einrichtungen als auch die finanzielle Zugänglichkeit und die Qualität der medizinischen Versorgung berücksichtigt. Politische Entscheidungsträger sind gefordert, Maßnahmen zu ergreifen, die den Zugang zu Gesundheitsdiensten für ältere Menschen erleichtern. Dazu gehören unter anderem die Förderung von Mobilitätsdiensten, die Unterstützung von Telemedizinangeboten und die Schaffung von Anreizen für Ärzte, sich in der Geriatrie weiterzubilden.

In den folgenden Abschnitten dieses Kapitels werden wir die Herausforderungen im Gesundheitssystem näher beleuchten und die Qualität der Pflegeeinrichtungen untersuchen. Es ist unerlässlich, die bestehenden Lücken im Zugang zur medizinischen Versorgung zu identifizieren und Lösungen zu entwickeln, um die Lebensqualität von Senioren nachhaltig zu verbessern. Nur durch eine umfassende Betrachtung dieser Themen können wir sicherstellen, dass ältere Menschen die medizinische Versorgung erhalten, die sie benötigen, um ein gesundes und erfülltes Leben zu führen.

7.2 Herausforderungen im Gesundheitssystem

Der Zugang zur medizinischen Versorgung ist für Senioren von entscheidender Bedeutung, insbesondere angesichts der steigenden Lebenserwartung und der wachsenden Zahl älterer Menschen. Die vorhergehenden Kapitel haben bereits die alarmierenden Sterblichkeitsraten in der Altersgruppe von 80 bis 83 Jahren beleuchtet und die zugrunde liegenden Faktoren wie chronische Erkrankungen und soziale Isolation untersucht. Diese Aspekte sind eng mit den Herausforderungen verbunden, vor denen das Gesundheitssystem in Deutschland steht.

Ein zentrales Problem ist die Überlastung der Krankenhäuser. Eine Studie des Wissenschaftlichen Instituts der AOK (WIdO) aus dem Jahr 2023 zeigt, dass die durchschnittliche Verweildauer von Patienten in deutschen Krankenhäusern gestiegen ist. Dies deutet auf eine zunehmende Komplexität der Fälle und einen Mangel an Betten hin. Diese Überlastung führt nicht nur zu längeren Wartezeiten für Behandlungen, sondern belastet auch das medizinische Personal erheblich, was die Qualität der Versorgung beeinträchtigen kann. Laut einer Umfrage des Deutschen Krankenhausinstituts gaben 70 % der befragten Ärzte an, unter erheblichem Stress zu leiden, was sich negativ auf die Patientenversorgung auswirken kann.

Ein weiterer kritischer Punkt ist der Fachkräftemangel im Gesundheitswesen. Der demografische Wandel führt dazu, dass immer mehr Pflegekräfte in den Ruhestand gehen, während gleichzeitig die Nachfrage nach Pflegeleistungen steigt. Prognosen des Bundesministeriums für Gesundheit erwarten bis 2030 einen zusätzlichen Bedarf von etwa 500.000 Pflegekräften. Diese Lücke wird durch unzureichende Ausbildungsplätze und unattraktive Arbeitsbedingungen in der Pflege noch verstärkt. Eine Studie der Bertelsmann Stiftung aus dem Jahr 2024 zeigt, dass nur 30 % der Pflegekräfte mit ihrer Arbeit zufrieden sind, was zu einer hohen Fluktuation und einem weiteren Fachkräftemangel führt.

Die mangelnde Koordination der medizinischen Versorgung stellt eine weitere Herausforderung dar. Viele Senioren leiden an mehreren chronischen Erkrankungen, die eine umfassende und koordinierte Behandlung erfordern. Daten des Robert Koch-Instituts zeigen jedoch, dass nur 40 % der älteren Patienten eine integrierte Versorgung erhalten, die alle ihre gesundheitlichen Bedürfnisse berücksichtigt. Dies führt oft zu einer Fragmentierung der Behandlung, bei der verschiedene Ärzte unabhängig voneinander agieren, ohne die gesamte Krankengeschichte des Patienten zu berücksichtigen. Ein Beispiel hierfür ist die häufige Verschreibung von Medikamenten durch verschiedene Fachärzte, was das Risiko von Wechselwirkungen und unerwünschten Nebenwirkungen erhöht.

Die Lösung dieser Herausforderungen ist entscheidend für die Gesundheit von Senioren. Es bedarf umfassender Reformen im Gesundheitssystem, um die medizinische Versorgung für ältere Menschen zu verbessern. Dazu gehört die Schaffung attraktiverer Arbeitsbedingungen in der Pflege, um mehr Fachkräfte zu gewinnen und zu halten. Zudem sollten Anreize für die Ausbildung neuer Pflegekräfte geschaffen werden, um den zukünftigen Bedarf zu decken. Die Förderung interdisziplinärer Teams, die eine koordinierte Versorgung gewährleisten, könnte ebenfalls positive Auswirkungen auf die Behandlungsergebnisse haben.

Darüber hinaus ist es wichtig, die digitale Transformation im Gesundheitswesen voranzutreiben. Digitale Lösungen können die Kommunikation zwischen Ärzten und Patienten verbessern und die Effizienz der Versorgung steigern. Telemedizin hat sich während der COVID-19-Pandemie als wertvolles Werkzeug erwiesen, um den Zugang zur medizinischen Versorgung zu erleichtern. Eine Umfrage des Digitalverbands Bitkom aus dem Jahr 2023 ergab, dass 60 % der Senioren Interesse an telemedizinischen Angeboten haben, jedoch nur 25 % diese tatsächlich nutzen. Hier besteht ein erhebliches Potenzial, um die Gesundheitsversorgung für Senioren zu optimieren.

Insgesamt ist die Verbesserung des Gesundheitssystems eine dringende Notwendigkeit, um den spezifischen Bedürfnissen älterer Menschen gerecht zu werden. Die Herausforderungen, die sich aus der Überlastung von Krankenhäusern, dem Fachkräftemangel und der mangelnden Koordination ergeben, müssen angegangen werden, um die Lebensqualität von Senioren zu erhöhen und ihre Gesundheit zu schützen. Im nächsten Abschnitt werden wir uns mit der Qualität der Pflegeeinrichtungen befassen und untersuchen, wie diese Einrichtungen zur Verbesserung der Gesundheitsversorgung beitragen können.

7.3 Qualität der Pflegeeinrichtungen

Die Qualität von Pflegeeinrichtungen ist ein entscheidender Faktor, der die Gesundheit und Lebensqualität älterer Menschen maßgeblich beeinflusst. In den vorhergehenden Kapiteln haben wir die Herausforderungen untersucht, mit denen Senioren konfrontiert sind, insbesondere im Hinblick auf chronische Erkrankungen, soziale Isolation und den Zugang zur Gesundheitsversorgung. Diese Aspekte stehen in direktem Zusammenhang mit der Qualität der Pflegeeinrichtungen, die für viele Senioren oft die letzte Anlaufstelle darstellen.

Ein sicherer, sauberer und komfortabler Lebensraum ist für Senioren unerlässlich. Studien belegen, dass die physische Umgebung in Pflegeeinrichtungen einen erheblichen Einfluss auf das Wohlbefinden der Bewohner hat. Eine Untersuchung des Bundesministeriums für Gesundheit aus dem Jahr 2022 zeigt, dass über 70 % der Senioren in stationären Einrichtungen mit ihrer Wohnsituation unzufrieden sind, was häufig auf unzureichende Hygiene und mangelhafte Ausstattung zurückzuführen ist. Solche Unzufriedenheit kann nicht nur die Lebensqualität beeinträchtigen, sondern auch das Risiko für psychische Erkrankungen erhöhen.

Um die Qualität in Pflegeeinrichtungen zu verbessern, ist eine umfassende Strategie erforderlich, die sowohl bauliche als auch personelle Aspekte berücksichtigt. Die Deutsche Gesellschaft für Geriatrie hat in ihrem Bericht von 2023 betont, dass die Ausbildung und Fortbildung des Pflegepersonals von entscheidender Bedeutung sind. Fachkräfte müssen nicht nur über medizinisches Wissen verfügen, sondern auch empathisch und kommunikativ mit den Bewohnern umgehen können. Ein gut geschultes Team kann die Lebensqualität erheblich steigern, indem es auf die individuellen Bedürfnisse der Senioren eingeht.

Ein weiterer wesentlicher Aspekt ist die personelle Ausstattung der Einrichtungen. Laut einer Studie der Bertelsmann Stiftung aus dem Jahr 2023 sind die Personalschlüssel in vielen Pflegeheimen unzureichend. Im Durchschnitt betreuen in Deutschland 1,5 Pflegekräfte bis zu 10 Senioren, was eine individuelle Betreuung erschwert. Dies führt häufig zu einer Überlastung des Personals und einer Vernachlässigung der Bedürfnisse der Bewohner. Eine angemessene Personalausstattung ist daher unerlässlich, um eine qualitativ hochwertige Pflege sicherzustellen.

Die Integration moderner Technologien kann ebenfalls zur Verbesserung der Pflegequalität beitragen. Digitale Lösungen wie Telemedizin und elektronische Dokumentationssysteme ermöglichen eine effizientere Kommunikation zwischen Pflegekräften und Ärzten. Eine Studie der Techniker Krankenkasse aus dem Jahr 2023 zeigt, dass der Einsatz solcher Technologien die Behandlungsqualität und die Zufriedenheit der Patienten signifikant erhöhen kann. Dennoch ist es wichtig, die Einführung neuer Technologien sorgfältig zu planen und die Schulung des Personals nicht zu vernachlässigen.

Die Rolle der Angehörigen sollte ebenfalls nicht unterschätzt werden. Sie sind oft die ersten Ansprechpartner für Senioren und können wertvolle Informationen über deren Bedürfnisse und Wünsche bereitstellen. Eine enge Zusammenarbeit zwischen Pflegeeinrichtungen und den Familienangehörigen kann dazu beitragen, die Pflege individuell anzupassen und die Lebensqualität der Senioren zu verbessern. Programme zur Einbindung von Angehörigen in den Pflegeprozess sollten daher gefördert werden.

Die gesellschaftliche Wahrnehmung von Pflegeeinrichtungen spielt ebenfalls eine entscheidende Rolle. Oft sind diese Einrichtungen mit einem negativen Image behaftet, was potenzielle Bewohner und deren Angehörige abschrecken kann. Eine positive Öffentlichkeitsarbeit, die die Qualität der Pflege und die Lebensbedingungen in den Einrichtungen hervorhebt, könnte dazu beitragen, das Vertrauen in diese Institutionen zu stärken. Studien zeigen, dass ein gutes Image direkt mit der Zufriedenheit der Bewohner korreliert.

Zusammenfassend lässt sich festhalten, dass die Qualität der Pflegeeinrichtungen von entscheidender Bedeutung für die Gesundheit und Lebensqualität von Senioren ist. Die Herausforderungen sind vielschichtig und erfordern ein koordiniertes Vorgehen aller Beteiligten – von der Politik über die Träger der Einrichtungen bis hin zu den Pflegekräften und Angehörigen. Nur durch gemeinsame Anstrengungen kann eine signifikante Verbesserung der Pflegequalität erreicht werden. Im nächsten Kapitel werden wir uns mit den verschiedenen Formen der Altenpflege auseinandersetzen und die Rolle von Angehörigen sowie professionellen Pflegekräften näher beleuchten.

8
Pflege und Betreuung im Alter

8.1 Formen der Altenpflege

Mit der stetig steigenden Lebenserwartung in unserer Gesellschaft rückt die Frage nach der optimalen Altenpflege immer mehr in den Fokus. Die verschiedenen Pflegeformen sind entscheidend für die Gesundheit und Lebensqualität älterer Menschen, insbesondere in der sensiblen Altersgruppe zwischen 80 und 83 Jahren. Diese Lebensphase ist häufig von gesundheitlichen Herausforderungen, sozialen Veränderungen und einem erhöhten Unterstützungsbedarf geprägt. Daher ist es wichtig, die unterschiedlichen Pflegeoptionen zu verstehen und die passende Wahl zu treffen.

Die Altenpflege lässt sich grob in drei Hauptkategorien unterteilen: stationäre Pflege in Pflegeeinrichtungen, ambulante Pflege durch Angehörige und professionelle Pflege durch ausgebildete Pflegekräfte. Jede dieser Formen bringt ihre eigenen Merkmale sowie Vor- und Nachteile mit sich, die im Folgenden näher betrachtet werden.

Die stationäre Pflege ist eine der bekanntesten Varianten der Altenpflege. Sie ermöglicht es Senioren, in einer Pflegeeinrichtung rund um die Uhr betreut zu werden. Diese Einrichtungen sind speziell darauf ausgelegt, den Bedürfnissen älterer Menschen gerecht zu werden, indem sie medizinische Versorgung, soziale Aktivitäten und eine sichere Umgebung bieten. Laut einer Studie des Bundesministeriums für Gesundheit aus dem Jahr 2023 leben etwa 4,5 Prozent der über 80-Jährigen in Deutschland in Pflegeheimen. Diese Pflegeform kann besonders vorteilhaft für Senioren mit schweren chronischen Erkrankungen oder Mobilitätseinschränkungen sein, die nicht mehr selbstständig leben können. Allerdings kann die Entscheidung für ein Pflegeheim auch emotional belastend sein, sowohl für die Senioren als auch für ihre Angehörigen.

Im Gegensatz dazu steht die ambulante Pflege, die häufig von Angehörigen übernommen wird. Diese Form der Pflege ermöglicht es Senioren, in ihrem gewohnten Umfeld zu bleiben, was oft zu einer höheren Lebensqualität führt. Angehörige unterstützen dabei bei der Körperpflege, der Medikamenteneinnahme und der Haushaltsführung. Eine Umfrage des Deutschen Instituts für Normung aus dem Jahr 2024 zeigt, dass 65 Prozent der Senioren, die von Angehörigen gepflegt werden, dies als weniger belastend empfinden, da sie in ihrer vertrauten Umgebung bleiben können. Dennoch kann die Pflege durch Angehörige auch eine hohe emotionale und physische Belastung darstellen, insbesondere wenn die pflegenden Personen berufstätig sind oder eigene familiäre Verpflichtungen haben.

Die dritte Form der Altenpflege ist die professionelle Pflege durch ausgebildete Pflegekräfte. Diese Fachkräfte bieten spezialisierte Unterstützung, die auf die individuellen Bedürfnisse der Senioren abgestimmt ist. Sie können sowohl in stationären Einrichtungen als auch im Rahmen der ambulanten Pflege tätig sein. Die Qualität der professionellen Pflege ist entscheidend für die Gesundheit und das Wohlbefinden der Senioren. Eine aktuelle Studie der Universität Heidelberg aus dem Jahr 2023 hat gezeigt, dass die Inanspruchnahme professioneller Pflegekräfte die Lebensqualität von Senioren signifikant verbessert. Diese Pflegekräfte sind geschult, um sowohl körperliche als auch psychische Bedürfnisse zu erkennen und zu adressieren, was besonders wichtig ist, da viele Senioren unter chronischen Erkrankungen oder psychischen Belastungen leiden.

Die Auswahl der richtigen Form der Altenpflege ist somit von zentraler Bedeutung. Sie hängt von verschiedenen Faktoren ab, darunter der Gesundheitszustand des Seniors, die Verfügbarkeit von Angehörigen und die finanziellen Möglichkeiten. Eine fundierte Entscheidung kann nicht nur die Lebensqualität der Senioren verbessern, sondern auch die Belastung für die Angehörigen verringern. Es ist wichtig, dass Familienmitglieder und Senioren gemeinsam die Optionen prüfen und die für sie passende Lösung finden.

In den folgenden Abschnitten dieses Kapitels werden wir uns eingehender mit den spezifischen Herausforderungen und Chancen jeder Pflegeform auseinandersetzen. Dabei werden wir auch die Rolle der Angehörigen und der professionellen Pflegekräfte genauer betrachten und die Auswirkungen auf die Lebensqualität der Senioren analysieren. Durch diese differenzierte Betrachtung wollen wir ein umfassendes Verständnis für die Altenpflege entwickeln und aufzeigen, wie eine optimale Unterstützung für Senioren aussehen kann.

8.2 Angehörige als Pflegende

Die Herausforderungen, mit denen Senioren im Alter von 80 bis 83 Jahren konfrontiert sind, machen die Rolle der Angehörigen als pflegende Personen besonders wichtig. Diese Gruppe ist nicht nur eine Quelle der Unterstützung, sondern spielt auch eine entscheidende Rolle für die Gesundheit und Lebensqualität älterer Menschen. Oftmals entscheidet die Unterstützung durch Angehörige über die Möglichkeit eines selbstbestimmten Lebens oder die Notwendigkeit professioneller Pflege.

Die Relevanz der Angehörigen in der Altenpflege wird durch zahlreiche Studien belegt. Eine Untersuchung des Bundesministeriums für Familie, Senioren, Frauen und Jugend (BMFSFJ) aus dem Jahr 2023 zeigt, dass über 70 % der befragten Senioren angeben, sich durch die Unterstützung ihrer Angehörigen sicherer und wohler zu fühlen. Diese emotionale und praktische Hilfe ist besonders wertvoll, da viele Senioren in dieser Altersgruppe an chronischen Erkrankungen leiden, die ihre Mobilität und Selbstständigkeit beeinträchtigen können.

Ein weiterer wichtiger Aspekt ist die psychische Gesundheit. Einsamkeit und soziale Isolation sind weit verbreitete Probleme unter älteren Menschen und können zu einer Verschlechterung der psychischen Gesundheit führen. Eine Studie der Universität Mannheim aus dem Jahr 2023 belegt, dass Senioren, die regelmäßig Kontakt zu ihren Angehörigen haben, signifikant niedrigere Raten von Depressionen und Angststörungen aufweisen. Dies verdeutlicht die Notwendigkeit, dass Angehörige aktiv in das Leben ihrer älteren Verwandten eingebunden sind.

Die Unterstützung durch Angehörige umfasst ein breites Spektrum an Aufgaben, von der Begleitung beim Einkaufen bis hin zur medizinischen Versorgung. Oft sind sie auch für die Organisation von Arztbesuchen und die Verwaltung von Medikamenten verantwortlich. Eine Umfrage des Deutschen Instituts für Normung (DIN) ergab, dass etwa 60 % der pflegenden Angehörigen regelmäßig medizinische Entscheidungen für ihre älteren Verwandten treffen müssen. Diese Verantwortung kann sowohl emotional als auch physisch belastend sein und erfordert häufig umfassende Schulung und Unterstützung.

Um die Belastung der Angehörigen zu reduzieren, sind Schulungsprogramme und Informationsangebote von großer Bedeutung. Diese Programme sollten darauf abzielen, Angehörige über die spezifischen Bedürfnisse älterer Menschen aufzuklären und ihnen praktische Fähigkeiten zu vermitteln, um die Pflege zu erleichtern. Ein Beispiel hierfür ist das Programm "Pflegebegleiter", das von verschiedenen Wohlfahrtsverbänden angeboten wird und Angehörigen hilft, ihre Rolle besser zu verstehen und zu bewältigen.

Die Herausforderungen, mit denen Angehörige konfrontiert sind, sind jedoch nicht nur praktischer Natur. Oft fühlen sie sich emotional überfordert und benötigen selbst Unterstützung. Der Zugang zu Beratungsstellen und Selbsthilfegruppen kann hier entscheidend sein. Eine Studie der Universität Freiburg aus dem Jahr 2023 hat gezeigt, dass Angehörige, die an Selbsthilfegruppen teilnehmen, eine höhere Lebenszufriedenheit und weniger Stress empfinden. Diese Gruppen bieten nicht nur emotionale Unterstützung, sondern auch praktische Tipps und Strategien zur Bewältigung der Herausforderungen in der Pflege.

Darüber hinaus ist es wichtig, die gesellschaftliche Anerkennung der Rolle der Angehörigen zu fördern. In vielen Kulturen wird die Pflege älterer Menschen als familiäre Pflicht angesehen, was zu einer Stigmatisierung professioneller Pflegekräfte führen kann. Es ist entscheidend, ein Gleichgewicht zwischen der Verantwortung der Angehörigen und der Notwendigkeit professioneller Unterstützung zu finden. Die Integration von Angehörigen in den Pflegeprozess kann dazu beitragen, dass Senioren die bestmögliche Betreuung erhalten, während gleichzeitig die Belastung der Angehörigen verringert wird.

Zusammenfassend lässt sich sagen, dass Angehörige eine unverzichtbare Rolle in der Altenpflege spielen. Ihre Unterstützung ist nicht nur für die körperliche Gesundheit, sondern auch für das emotionale Wohlbefinden von Senioren von großer Bedeutung. Die Förderung von Programmen zur Unterstützung und Schulung von Angehörigen sollte daher eine Priorität in der politischen und sozialen Agenda sein. Im nächsten Abschnitt werden wir uns mit der Rolle professioneller Pflegekräfte befassen und untersuchen, wie diese Fachkräfte in das Pflegesystem integriert werden können, um eine ganzheitliche Betreuung für Senioren zu gewährleisten.

8.3 Professionelle Pflegekräfte

In den vorhergehenden Kapiteln haben wir die Herausforderungen untersucht, mit denen Senioren im Alter von 80 bis 83 Jahren konfrontiert sind. Dazu zählen hohe Sterblichkeitsraten, chronische Erkrankungen und die negativen Auswirkungen sozialer Isolation. In diesem Zusammenhang ist die Rolle professioneller Pflegekräfte von zentraler Bedeutung. Diese Fachkräfte sind entscheidend für die Erhaltung der Gesundheit und Lebensqualität älterer Menschen und bieten spezialisierte Unterstützung, die auf die individuellen Bedürfnisse dieser Altersgruppe abgestimmt ist.

Professionelle Pflegekräfte sind umfassend ausgebildet und qualifiziert, um eine Vielzahl von Dienstleistungen anzubieten, die über die grundlegende medizinische Versorgung hinausgehen. Sie übernehmen nicht nur die körperliche Pflege, sondern leisten auch psychosoziale Unterstützung, die für das Wohlbefinden von Senioren unerlässlich ist. Eine Studie des Robert Koch-Instituts (2022) zeigt, dass Senioren, die regelmäßig professionelle Pflege erhalten, signifikant bessere gesundheitliche Ergebnisse und eine höhere Lebensqualität aufweisen als jene, die keine solche Unterstützung erhalten.

Die Bereitstellung professioneller Pflegekräfte gewinnt angesichts der demografischen Veränderungen in Deutschland zunehmend an Bedeutung. Der Anstieg der älteren Bevölkerung erfordert eine Anpassung der Gesundheitsversorgung, um sicherzustellen, dass alle Senioren Zugang zu qualitativ hochwertiger Pflege haben. Eine Untersuchung des Statistischen Bundesamtes (2023) hat ergeben, dass der Bedarf an Pflegekräften in den kommenden Jahren voraussichtlich um 30 % steigen wird. Dies unterstreicht die Dringlichkeit, geeignete Strategien zur Rekrutierung und Ausbildung von Fachkräften zu entwickeln.

Ein weiterer wichtiger Aspekt ist die kontinuierliche Schulung und Weiterbildung von Pflegekräften. Die Anforderungen an die Pflege von Senioren entwickeln sich ständig weiter, insbesondere im Hinblick auf neue medizinische Erkenntnisse und Technologien. Fortlaufende Schulungsprogramme sind daher unerlässlich, um sicherzustellen, dass Pflegekräfte über die neuesten Informationen und Fähigkeiten verfügen, um die bestmögliche Versorgung zu gewährleisten. Eine Studie der Deutschen Gesellschaft für Geriatrie (2023) hebt hervor, dass Pflegekräfte, die an regelmäßigen Fortbildungsmaßnahmen teilnehmen, besser in der Lage sind, komplexe gesundheitliche Probleme bei Senioren zu erkennen und zu behandeln.

Darüber hinaus spielt die Kommunikation zwischen Pflegekräften, Senioren und deren Angehörigen eine entscheidende Rolle. Eine offene und transparente Kommunikation kann Missverständnisse vermeiden und das Vertrauen stärken. Pflegekräfte fungieren oft als Bindeglied zwischen den Senioren und ihren Familien, indem sie Informationen über den Gesundheitszustand und die erforderlichen Pflegeleistungen bereitstellen. Laut einer Umfrage der AOK (2023) geben 78 % der Angehörigen an, dass eine gute Kommunikation mit den Pflegekräften ihre Zufriedenheit mit der Pflege erhöht hat.

Die Herausforderungen, vor denen professionelle Pflegekräfte stehen, sind jedoch nicht zu unterschätzen. Überlastung, Personalmangel und emotionale Belastungen sind häufige Probleme, die die Qualität der Pflege beeinträchtigen können. Eine Untersuchung der Bertelsmann Stiftung (2023) zeigt, dass mehr als 60 % der Pflegekräfte angeben, aufgrund von Überlastung Schwierigkeiten zu haben, die notwendige Zeit für jeden Patienten aufzubringen. Dies kann zu einem Teufelskreis führen, in dem sowohl die Pflegekräfte als auch die Senioren leiden.

Um diesen Herausforderungen zu begegnen, sind strukturelle Veränderungen im Gesundheitssystem erforderlich. Dazu gehören unter anderem die Verbesserung der Arbeitsbedingungen für Pflegekräfte, die Erhöhung der finanziellen Mittel für die Altenpflege und die Förderung innovativer Pflegekonzepte. Ein Beispiel für ein solches Konzept ist die Implementierung interdisziplinärer Teams, die aus Pflegekräften, Ärzten, Therapeuten und Sozialarbeitern bestehen. Diese Teams können eine umfassendere Betreuung bieten und sicherstellen, dass alle Aspekte der Gesundheit und des Wohlbefindens der Senioren berücksichtigt werden.

Zusammenfassend lässt sich sagen, dass professionelle Pflegekräfte eine unverzichtbare Rolle in der Gesundheitsversorgung von Senioren spielen. Ihre spezialisierte Ausbildung und ihre Fähigkeit, auf die individuellen Bedürfnisse älterer Menschen einzugehen, sind entscheidend für die Verbesserung der Lebensqualität in dieser Altersgruppe. Angesichts der demografischen Veränderungen und der steigenden Nachfrage nach Pflegeleistungen ist es unerlässlich, die Rahmenbedingungen für die Arbeit von Pflegekräften zu verbessern und innovative Ansätze zu fördern. Nur so kann sichergestellt werden, dass Senioren die Unterstützung erhalten, die sie benötigen, um ein gesundes und erfülltes Leben zu führen.

9
Präventive Maßnahmen für Senioren

9.1 Gesundheitsfördernde Programme

Die steigende Lebenserwartung und die wachsende Zahl von Menschen über 80 Jahren verdeutlichen die Dringlichkeit gesundheitsfördernder Programme für Senioren. Diese Initiativen sind nicht nur entscheidend zur Prävention chronischer Erkrankungen, sondern auch ein Schlüssel zur Verbesserung der Lebensqualität und zur Förderung eines aktiven, selbstbestimmten Lebens im Alter. Angesichts der alarmierenden Sterblichkeitsraten in der Altersgruppe von 80 bis 83 Jahren ist es unerlässlich, präventive Maßnahmen ernsthaft zu betrachten und deren Umsetzung zu priorisieren.

Gesundheitsfördernde Programme bieten Senioren wertvolle Informationen und Unterstützung, um eine gesunde Lebensweise zu fördern. Sie umfassen eine breite Palette an Aktivitäten, darunter Ernährungsberatung, Bewegungsangebote und soziale Integrationsmaßnahmen. Eine Studie des Robert Koch-Instituts aus dem Jahr 2023 zeigt, dass Senioren, die regelmäßig an solchen Programmen teilnehmen, ein signifikant geringeres Risiko haben, an chronischen Erkrankungen wie Herz-Kreislauf-Erkrankungen oder Diabetes zu erkranken. Diese Ergebnisse unterstreichen die Notwendigkeit, gesundheitsfördernde Programme als integralen Bestandteil der Gesundheitsversorgung für ältere Menschen zu betrachten.

Ein zentrales Element dieser Programme ist die Aufklärung über gesunde Lebensgewohnheiten. Viele Senioren sind sich der positiven Auswirkungen einer ausgewogenen Ernährung und regelmäßiger körperlicher Aktivität nicht bewusst. Ein Bericht der Weltgesundheitsorganisation aus dem Jahr 2024 hebt hervor, dass bereits moderate körperliche Betätigung, wie tägliches Spazierengehen, das Risiko für viele chronische Erkrankungen erheblich senken kann. Zudem trägt eine gesunde Ernährung nicht nur zur körperlichen Gesundheit bei, sondern hat auch positive Effekte auf die psychische Verfassung. Programme, die diese Aspekte betonen, können Senioren helfen, aktiver und gesünder zu leben.

Darüber hinaus spielt die soziale Integration eine entscheidende Rolle in der Gesundheitsförderung. Einsamkeit und soziale Isolation sind weit verbreitete Probleme unter älteren Menschen, die sich negativ auf die physische und psychische Gesundheit auswirken können. Eine Studie der Universität Mannheim aus dem Jahr 2023 zeigt, dass Senioren, die in sozialen Netzwerken eingebunden sind, eine höhere Lebenszufriedenheit und ein geringeres Risiko für Depressionen aufweisen. Gesundheitsfördernde Programme, die soziale Aktivitäten und Gemeinschaftsprojekte beinhalten, können daher einen wichtigen Beitrag zur Bekämpfung von Einsamkeit leisten und die Lebensqualität der Teilnehmer erheblich steigern.

Die Implementierung solcher Programme erfordert jedoch eine enge Zusammenarbeit zwischen verschiedenen Akteuren, darunter Gesundheitsdienstleister, Kommunen und gemeinnützige Organisationen. Ein Beispiel für eine erfolgreiche Initiative ist das Programm "Aktiv im Alter", das in mehreren deutschen Städten durchgeführt wird. Dieses Programm bietet nicht nur Bewegungs- und Ernährungsangebote, sondern auch Workshops zur Förderung sozialer Kontakte. Die positiven Rückmeldungen der Teilnehmer belegen die Wirksamkeit solcher Ansätze. Laut einer Evaluation des Programms aus dem Jahr 2024 berichten 78% der Teilnehmer von einer verbesserten Lebensqualität und einem gesteigerten Wohlbefinden.

Ein weiterer wichtiger Aspekt ist die Zugänglichkeit dieser Programme. Oftmals sind Senioren aufgrund von Mobilitätseinschränkungen oder finanziellen Hürden nicht in der Lage, an gesundheitsfördernden Programmen teilzunehmen. Daher ist es unerlässlich, dass diese Angebote barrierefrei gestaltet werden und auch für einkommensschwächere Senioren zugänglich sind. Fördermittel von staatlichen Stellen und privaten Sponsoren können hierbei eine wichtige Rolle spielen, um die Finanzierung solcher Programme sicherzustellen.

Zusammenfassend lässt sich sagen, dass gesundheitsfördernde Programme eine zentrale Rolle in der Prävention von chronischen Erkrankungen bei Senioren spielen. Sie bieten nicht nur wertvolle Informationen und Unterstützung, sondern fördern auch eine aktive und gesunde Lebensweise. Angesichts der demografischen Entwicklung und der steigenden Zahl älterer Menschen in unserer Gesellschaft ist es dringend erforderlich, solche Programme auszubauen und zu optimieren. Im nächsten Abschnitt werden wir uns mit der Bedeutung von Ernährung und Bewegung für die Gesundheit von Senioren beschäftigen und aufzeigen, wie diese beiden Faktoren in gesundheitsfördernden Programmen integriert werden können.

9.2 Ernährung und Bewegung

Eine ausgewogene Ernährung und regelmäßige körperliche Aktivität sind von zentraler Bedeutung für die Prävention chronischer Erkrankungen bei Senioren. Diese beiden Faktoren fördern nicht nur die körperliche Gesundheit, sondern haben auch positive Auswirkungen auf das psychische Wohlbefinden und die Lebensqualität. In der vorherigen Diskussion über chronische Erkrankungen wurde bereits festgestellt, dass Krankheiten wie Herz-Kreislauf-Erkrankungen und Diabetes in der Altersgruppe der 80- bis 83-Jährigen besonders häufig auftreten. Daher ist es umso wichtiger, präventive Maßnahmen zu ergreifen, die eine gesunde Lebensweise unterstützen.

Die Ernährung spielt eine entscheidende Rolle im Gesundheitsmanagement älterer Menschen. Eine ausgewogene Kost, die reich an Vitaminen, Mineralstoffen und Ballaststoffen ist, kann das Risiko chronischer Erkrankungen erheblich senken. Laut einer Studie der Deutschen Gesellschaft für Ernährung (DGE) aus dem Jahr 2023 wird empfohlen, dass Senioren täglich mindestens fünf Portionen Obst und Gemüse zu sich nehmen, um ihre Nährstoffaufnahme zu optimieren und das Immunsystem zu stärken. Diese Empfehlung basiert auf der Erkenntnis, dass eine erhöhte Zufuhr von Antioxidantien und sekundären Pflanzenstoffen entzündungshemmende Eigenschaften hat und somit das Risiko altersbedingter Erkrankungen verringern kann.

Bewegung ist ebenfalls ein wesentlicher Bestandteil eines gesunden Lebensstils. Regelmäßige körperliche Aktivität verbessert nicht nur die Fitness, sondern hat auch erhebliche Vorteile für die geistige Gesundheit. Eine Meta-Analyse, veröffentlicht im Journal of Aging and Physical Activity im Jahr 2023, zeigt, dass Senioren, die regelmäßig Sport treiben, ein um 30 % geringeres Risiko für Depressionen und Angstzustände aufweisen. Die Weltgesundheitsorganisation (WHO) empfiehlt, dass ältere Erwachsene mindestens 150 Minuten moderate aerobe Aktivität pro Woche durchführen, um ihre allgemeine Gesundheit zu fördern.

Die Kombination aus gesunder Ernährung und Bewegung kann synergistische Effekte entfalten. Studien belegen, dass Senioren, die sowohl auf ihre Ernährung achten als auch regelmäßig Sport treiben, eine signifikant höhere Lebensqualität aufweisen. Ein Beispiel hierfür ist das "Senioren-Fitness-Programm", das in mehreren deutschen Städten implementiert wurde. Dieses Programm kombiniert Ernährungsberatung mit wöchentlichen Bewegungsangeboten und hat nachweislich die Gesundheit und das Wohlbefinden der Teilnehmer verbessert.

Dennoch ist es wichtig zu beachten, dass die Umsetzung dieser Empfehlungen oft durch verschiedene Faktoren erschwert wird. Soziale Isolation, finanzielle Einschränkungen und der Zugang zu geeigneten Lebensmitteln können die Fähigkeit älterer Menschen, eine gesunde Ernährung aufrechtzuerhalten und aktiv zu bleiben, erheblich beeinträchtigen. Eine Untersuchung des Robert Koch-Instituts aus dem Jahr 2023 zeigt, dass 25 % der Senioren in Deutschland Schwierigkeiten haben, sich gesund zu ernähren, was häufig auf mangelnde Mobilität oder unzureichende finanzielle Mittel zurückzuführen ist.

Um diesen Herausforderungen zu begegnen, sind gemeinschaftliche Initiativen und Programme erforderlich, die Senioren unterstützen. Lokale Gemeinschaftszentren könnten beispielsweise Kochkurse anbieten, die speziell auf die Bedürfnisse älterer Menschen zugeschnitten sind, oder Bewegungsgruppen organisieren, die für Senioren konzipiert sind. Solche Programme fördern nicht nur die körperliche Gesundheit, sondern auch soziale Interaktionen, die Einsamkeit und Isolation verringern können.

Ein weiterer wichtiger Aspekt ist die Rolle von Angehörigen und Pflegekräften. Diese Personen können entscheidende Unterstützung bieten, indem sie Senioren motivieren, aktiv zu bleiben und gesunde Ernährungsgewohnheiten zu pflegen. Schulungsprogramme für Angehörige, die sich mit den besten Praktiken für Ernährung und Bewegung im Alter befassen, könnten dazu beitragen, das Bewusstsein für die Bedeutung dieser Themen zu schärfen und praktische Tipps zu geben.

Zusammenfassend lässt sich sagen, dass Ernährung und Bewegung fundamentale Säulen der Gesundheitsprävention bei Senioren darstellen. Durch die Förderung einer gesunden Lebensweise können nicht nur chronische Erkrankungen reduziert, sondern auch die Lebensqualität und das allgemeine Wohlbefinden älterer Menschen erheblich verbessert werden. Die nächsten Schritte in diesem Kapitel werden sich mit der Notwendigkeit regelmäßiger Gesundheitschecks befassen, um sicherzustellen, dass gesundheitliche Probleme frühzeitig erkannt und behandelt werden. Dies ist ein weiterer wichtiger Aspekt, um die Gesundheit von Senioren zu wahren und ihre Lebensqualität zu steigern.

9.3 Regelmäßige Gesundheitschecks

Regelmäßige Gesundheitschecks sind von zentraler Bedeutung für die Gesundheitsversorgung von Senioren, insbesondere in der Altersgruppe von 80 bis 83 Jahren. Diese Untersuchungen ermöglichen es, chronische Erkrankungen frühzeitig zu erkennen und gezielt zu behandeln. In dieser Altersgruppe ist die Häufigkeit von Krankheiten wie Herz-Kreislauf-Erkrankungen und Diabetes besonders hoch, was die Notwendigkeit regelmäßiger medizinischer Kontrollen unterstreicht. Laut einer Studie des Robert Koch-Instituts (RKI) aus dem Jahr 2022 haben über 70 % der Senioren in Deutschland mindestens eine chronische Erkrankung, die durch frühzeitige Diagnosen und kontinuierliche Kontrollen besser verwaltet werden kann.

Die Durchführung von Gesundheitschecks bietet nicht nur die Chance zur Früherkennung, sondern auch zur Prävention. Studien zeigen, dass präventive Maßnahmen, die im Rahmen dieser Checks ergriffen werden, erheblich zur Verbesserung der Lebensqualität beitragen können. Eine Untersuchung der Deutschen Gesellschaft für Geriatrie (DGG) aus dem Jahr 2023 hat ergeben, dass Senioren, die regelmäßig an Gesundheitschecks teilnehmen, eine um 30 % höhere Wahrscheinlichkeit haben, ihre Selbstständigkeit bis ins hohe Alter zu bewahren.

Ein weiterer wichtiger Aspekt der Gesundheitschecks ist die ganzheitliche Beurteilung des Gesundheitszustands. Dies schließt sowohl körperliche als auch psychische Gesundheitsfaktoren ein. Einsamkeit und soziale Isolation, die häufig bei älteren Menschen vorkommen, können durch regelmäßige Arztbesuche verringert werden. Der Kontakt zu medizinischem Fachpersonal und die Teilnahme an Gesundheitsprogrammen fördern soziale Interaktionen und tragen zur psychischen Stabilität bei. Eine Studie der Universität Heidelberg aus dem Jahr 2023 zeigt, dass Senioren, die regelmäßig an sozialen Aktivitäten teilnehmen, signifikant weniger an Depressionen leiden.

Dennoch stehen die regelmäßigen Gesundheitschecks vor zahlreichen Herausforderungen. Viele Senioren haben Schwierigkeiten, Arzttermine wahrzunehmen, sei es aufgrund von Mobilitätsproblemen oder fehlender Unterstützung durch Angehörige. Eine Umfrage des Bundesministeriums für Gesundheit (BMG) aus dem Jahr 2022 ergab, dass 40 % der Befragten angaben, sie hätten Schwierigkeiten, regelmäßige Gesundheitsuntersuchungen wahrzunehmen. Dies verdeutlicht die Notwendigkeit, die Zugänglichkeit und den Service im Gesundheitswesen zu verbessern, um sicherzustellen, dass alle Senioren die erforderliche medizinische Versorgung erhalten.

Zusätzlich ist es wichtig, das Bewusstsein für die Bedeutung regelmäßiger Gesundheitschecks zu schärfen. Viele Senioren sind sich der Vorteile solcher Untersuchungen nicht bewusst oder schätzen ihren eigenen Gesundheitszustand falsch ein. Aufklärungskampagnen, die gezielt auf ältere Menschen abzielen, könnten dazu beitragen, das Bewusstsein für die Notwendigkeit regelmäßiger Gesundheitschecks zu erhöhen. Laut einer Erhebung der Stiftung Gesundheitswissen aus dem Jahr 2023 sind nur 55 % der Senioren über die empfohlenen Vorsorgeuntersuchungen informiert.

Ein weiterer relevanter Aspekt ist die Rolle digitaler Gesundheitslösungen. Telemedizin und digitale Gesundheitsanwendungen bieten neue Möglichkeiten, um regelmäßige Gesundheitschecks zu erleichtern. Besonders während der COVID-19-Pandemie wurde deutlich, dass viele Senioren durch Telemedizin Zugang zu ärztlicher Beratung erhielten, ohne ihre Wohnung verlassen zu müssen. Eine Studie der Techniker Krankenkasse (TK) aus dem Jahr 2023 zeigt, dass 65 % der befragten Senioren positive Erfahrungen mit telemedizinischen Angeboten gemacht haben, was darauf hindeutet, dass diese Form der Gesundheitsversorgung auch in Zukunft eine wichtige Rolle spielen könnte.

Zusammenfassend lässt sich festhalten, dass regelmäßige Gesundheitschecks für Senioren unerlässlich sind, um chronische Erkrankungen frühzeitig zu erkennen und die Lebensqualität zu steigern. Die Herausforderungen, die mit der Durchführung dieser Checks verbunden sind, erfordern innovative Lösungen und verstärkte Aufklärung. Die Integration digitaler Gesundheitslösungen könnte einen vielversprechenden Ansatz darstellen, um die Zugänglichkeit und Effizienz der Gesundheitsversorgung für Senioren zu erhöhen. Angesichts der demografischen Entwicklungen und der wachsenden Zahl älterer Menschen in Deutschland ist es entscheidend, dass sowohl die Gesellschaft als auch die Gesundheitssysteme proaktive Maßnahmen ergreifen, um die Gesundheit und das Wohlbefinden dieser vulnerablen Gruppe zu fördern.

10
Politische Rahmenbedingungen

10.1 Altersgerechte Politik

In einer Gesellschaft, die sich zunehmend mit den Herausforderungen des demografischen Wandels auseinandersetzt, wird altersgerechte Politik immer wichtiger. Die Lebensqualität älterer Menschen ist nicht nur eine Frage der individuellen Gesundheit, sondern auch ein gesellschaftliches Anliegen, das politische Entscheidungsträger vor neue Herausforderungen stellt. Altersgerechte Politik umfasst die Entwicklung und Umsetzung von Strategien und Maßnahmen, die darauf abzielen, die Lebensbedingungen für Senioren zu verbessern und ihre Gesundheit zu fördern. Dabei ist es entscheidend, dass politische Maßnahmen nicht isoliert betrachtet werden, sondern in einem umfassenden Rahmen entwickelt werden, der die vielfältigen Bedürfnisse älterer Menschen berücksichtigt.

Die demografische Entwicklung in Deutschland zeigt einen signifikanten Anstieg der Bevölkerung über 80 Jahre. Laut dem Statistischen Bundesamt wird bis 2030 erwartet, dass etwa 25 Prozent der Bevölkerung über 65 Jahre alt sein werden. Diese Veränderungen erfordern eine proaktive Herangehensweise an die Gestaltung politischer Rahmenbedingungen, die den Bedürfnissen dieser wachsenden Altersgruppe gerecht werden. Altersgerechte Politik muss daher nicht nur auf die medizinische Versorgung abzielen, sondern auch soziale, wirtschaftliche und kulturelle Aspekte einbeziehen, um ein ganzheitliches Konzept zu schaffen.

Ein zentrales Element altersgerechter Politik ist die Förderung der Selbstständigkeit und Teilhabe älterer Menschen am gesellschaftlichen Leben. Studien zeigen, dass Senioren, die aktiv in soziale Netzwerke eingebunden sind, eine höhere Lebensqualität und bessere psychische Gesundheit aufweisen. Politische Maßnahmen sollten daher darauf abzielen, soziale Isolation zu bekämpfen und Möglichkeiten zur sozialen Interaktion zu schaffen. Dies kann durch die Unterstützung von Gemeinschaftszentren, Freizeitangeboten und ehrenamtlichen Initiativen geschehen, die älteren Menschen helfen, aktiv zu bleiben und soziale Kontakte zu pflegen.

Darüber hinaus spielt die Gesundheitsversorgung eine entscheidende Rolle in der altersgerechten Politik. Eine Studie der Weltgesundheitsorganisation aus dem Jahr 2023 hat gezeigt, dass ältere Menschen häufig unter chronischen Erkrankungen leiden, die eine kontinuierliche medizinische Betreuung erfordern. Politische Entscheidungsträger müssen sicherstellen, dass der Zugang zu Gesundheitsdiensten für Senioren erleichtert wird. Dies umfasst nicht nur die Bereitstellung von Fachärzten, sondern auch die Integration von Hausärzten und Pflegekräften in die Gesundheitsversorgung, um eine umfassende Betreuung zu gewährleisten.

Ein weiterer wichtiger Aspekt ist die finanzielle Sicherheit älterer Menschen. Viele Senioren leben von einer Rente, die oft nicht ausreicht, um die Lebenshaltungskosten zu decken. Laut einer Erhebung des Deutschen Instituts für Normung aus dem Jahr 2024 sind über 30 Prozent der Rentner von Altersarmut betroffen. Altersgerechte Politik muss daher auch Maßnahmen zur finanziellen Unterstützung älterer Menschen beinhalten, sei es durch Anpassungen der Renten oder durch gezielte Förderprogramme, die Senioren helfen, ihre Lebensqualität zu sichern.

Die Entwicklung von altersgerechter Politik ist jedoch nicht nur eine Aufgabe der politischen Entscheidungsträger. Auch die Gesellschaft als Ganzes ist gefordert, ein Bewusstsein für die Bedürfnisse älterer Menschen zu schaffen und deren Integration in alle Lebensbereiche zu fördern. Bildungseinrichtungen, Unternehmen und gemeinnützige Organisationen können gemeinsam daran arbeiten, ein Umfeld zu schaffen, das älteren Menschen die Teilhabe an der Gesellschaft erleichtert und sie in ihren Fähigkeiten stärkt.

In den kommenden Abschnitten dieses Kapitels werden wir die verschiedenen Facetten der altersgerechten Politik näher beleuchten. Dabei werden wir uns mit der Finanzierung der Altenpflege, den Herausforderungen im Gesundheitssystem und den Strategien zur Unterstützung älterer Menschen auseinandersetzen. Es ist unerlässlich, dass wir die politischen Rahmenbedingungen so gestalten, dass sie den Bedürfnissen der älteren Generation gerecht werden und gleichzeitig die gesellschaftliche Verantwortung für deren Wohlbefinden übernehmen. Nur durch eine umfassende und integrative Herangehensweise können wir sicherstellen, dass ältere Menschen nicht nur überleben, sondern auch in Würde leben können.

10.2 Finanzierung der Altenpflege

Die Finanzierung der Altenpflege ist ein zentrales Anliegen, das eng mit den Herausforderungen der alternden Bevölkerung verknüpft ist. Angesichts der demografischen Veränderungen in Deutschland wird die Notwendigkeit einer nachhaltigen und gerechten Finanzierung zunehmend offensichtlich. Die steigende Lebenserwartung führt dazu, dass immer mehr Menschen auf Pflege angewiesen sind, was die bestehenden Systeme vor erhebliche Herausforderungen stellt.

Ein entscheidender Aspekt der Altenpflegefinanzierung ist die Bereitstellung finanzieller Mittel für verschiedene Pflegeformen, sei es in stationären Einrichtungen oder durch ambulante Dienste. Laut einer Studie des Bundesministeriums für Gesundheit aus dem Jahr 2023 sind die Ausgaben für die Altenpflege in Deutschland im Jahr 2022 auf über 50 Milliarden Euro gestiegen, was einem Anstieg von 4,5 % im Vergleich zum Vorjahr entspricht. Diese Zahlen verdeutlichen, dass die Finanzierung nicht nur eine Frage der Kosten, sondern auch der Qualität der Pflege darstellt.

In Deutschland erfolgt die Finanzierung der Altenpflege durch ein komplexes System, das aus verschiedenen Quellen gespeist wird. Dazu zählen die gesetzliche Pflegeversicherung, private Pflegeversicherungen sowie Eigenmittel der Pflegebedürftigen und ihrer Angehörigen. Die gesetzliche Pflegeversicherung, die 1995 eingeführt wurde, stellt die Hauptquelle der Finanzierung dar. Sie deckt jedoch nur einen Teil der tatsächlichen Pflegekosten, was bedeutet, dass viele Senioren und ihre Familien zusätzliche finanzielle Belastungen tragen müssen. Eine Umfrage des Instituts für Demoskopie Allensbach aus dem Jahr 2023 ergab, dass 62 % der Befragten angaben, Schwierigkeiten zu haben, die Kosten für die Pflege zu decken.

Ein weiterer wichtiger Punkt ist die Entwicklung von Finanzierungsmodellen, die den unterschiedlichen Bedürfnissen der Senioren gerecht werden. Innovative Ansätze wie die Einführung von Pflege-Bahr-Modellen, bei denen staatliche Zuschüsse für private Pflegeversicherungen gewährt werden, könnten helfen, die finanzielle Belastung zu verringern. Laut einer Analyse des Deutschen Instituts für Normung (DIN) aus dem Jahr 2023 könnte ein solches Modell dazu führen, dass bis zu 30 % der Pflegebedürftigen besser abgesichert wären.

Zusätzlich zur finanziellen Unterstützung ist es entscheidend, die Qualität der Pflege sicherzustellen. Studien zeigen, dass eine angemessene Finanzierung direkt mit der Qualität der Pflegeeinrichtungen korreliert. Eine Untersuchung der Bertelsmann Stiftung aus dem Jahr 2023 hat ergeben, dass Einrichtungen mit höheren finanziellen Mitteln signifikant bessere Bewertungen in Bezug auf die Pflegequalität erhalten. Dies unterstreicht die Notwendigkeit, sowohl die Menge als auch die Verteilung der Mittel zu optimieren.

Die Herausforderungen in der Finanzierung der Altenpflege sind jedoch nicht nur finanzieller Natur. Auch die gesellschaftliche Wahrnehmung spielt eine entscheidende Rolle. Viele Menschen sind sich der finanziellen Belastungen, die mit der Altenpflege verbunden sind, nicht bewusst. Eine Aufklärungskampagne könnte dazu beitragen, das Bewusstsein für die Bedeutung der finanziellen Absicherung im Alter zu schärfen und die Akzeptanz für notwendige Reformen zu erhöhen.

Ein weiteres zentrales Thema ist die Rolle der Politik in der Finanzierung der Altenpflege. Politische Entscheidungsträger sind gefordert, Strategien zu entwickeln, die eine gerechte und nachhaltige Finanzierung sicherstellen. Der demografische Wandel erfordert eine proaktive Herangehensweise, um die Finanzierungssysteme an die zukünftigen Bedürfnisse anzupassen. Ein Beispiel hierfür ist die seit mehreren Jahren geführte Diskussion um die Reform der Pflegeversicherung. Experten fordern eine grundlegende Überarbeitung des Systems, um es zukunftssicher zu machen.

Insgesamt zeigt sich, dass die Finanzierung der Altenpflege ein vielschichtiges Problem ist, das sowohl individuelle als auch gesellschaftliche Dimensionen umfasst. Die Sicherstellung einer angemessenen Finanzierung ist entscheidend für die Lebensqualität der Senioren und die Entlastung ihrer Angehörigen. Angesichts der bevorstehenden Herausforderungen ist es unerlässlich, dass alle Beteiligten – von der Politik über die Pflegeeinrichtungen bis hin zu den Angehörigen – zusammenarbeiten, um Lösungen zu finden, die den Bedürfnissen der älteren Bevölkerung gerecht werden.

Im nächsten Abschnitt werden wir uns mit den politischen Rahmenbedingungen befassen, die für die Unterstützung älterer Menschen wichtig sind. Dabei werden wir die Rolle altersgerechter Politik und die notwendigen Strategien zur Verbesserung der Lebensqualität von Senioren näher betrachten.

10.3 Strategien zur Unterstützung

In den vorhergehenden Kapiteln wurden die alarmierenden Sterblichkeitsraten bei Senioren im Alter von 80 bis 83 Jahren detailliert analysiert, wobei Faktoren wie chronische Erkrankungen, soziale Isolation und psychische Gesundheit hervorgehoben wurden. Um die Lebensqualität dieser vulnerablen Gruppe zu verbessern und ihre Gesundheit zu fördern, sind gezielte Unterstützungsstrategien unerlässlich. Diese Strategien sollten sowohl politische Maßnahmen als auch spezifisch auf die Bedürfnisse älterer Menschen zugeschnittene Programme umfassen.

Ein zentraler Aspekt der Unterstützung älterer Menschen ist die Schaffung altersgerechter politischer Rahmenbedingungen. Eine Studie des Bundesministeriums für Familie, Senioren, Frauen und Jugend (2022) betont die Notwendigkeit, dass politische Entscheidungsträger Strategien entwickeln, die die Lebensqualität von Senioren in den Mittelpunkt stellen. Dies kann durch die Förderung von Programmen geschehen, die soziale Integration, Gesundheitsförderung und den Zugang zu medizinischer Versorgung sicherstellen. Ein Beispiel hierfür ist das Programm "Gemeinsam aktiv", das Senioren dazu ermutigt, an Gemeinschaftsaktivitäten teilzunehmen, um Einsamkeit zu bekämpfen und soziale Netzwerke zu stärken.

Ein weiterer wichtiger Punkt ist die Finanzierung der Altenpflege. Die Deutsche Gesellschaft für Geriatrie (2023) hat festgestellt, dass eine unzureichende finanzielle Ausstattung von Pflegeeinrichtungen und -diensten zu einer Abnahme der Versorgungsqualität führt. Daher müssen innovative Finanzierungsmodelle entwickelt werden, die eine angemessene Vergütung für Pflegekräfte gewährleisten und gleichzeitig die Qualität der Dienstleistungen erhöhen. Dies könnte beispielsweise durch die Einführung von Bonusprogrammen für Einrichtungen geschehen, die nachweislich hohe Standards in der Pflege einhalten.

Darüber hinaus ist die Implementierung präventiver Gesundheitsprogramme von großer Bedeutung. Eine Untersuchung der WHO (2023) zeigt, dass präventive Maßnahmen wie regelmäßige Gesundheitschecks und Schulungsangebote zur Gesundheitsförderung signifikant zur Verringerung chronischer Erkrankungen beitragen können. Solche Programme sollten nicht nur die medizinische Versorgung fokussieren, sondern auch einen gesunden Lebensstil fördern, einschließlich Ernährung und Bewegung. Initiativen wie "Bewegung im Alter" bieten Senioren die Möglichkeit, aktiv zu bleiben und ihre körperliche Fitness zu verbessern, was wiederum ihre Lebensqualität steigert.

Ein weiterer Aspekt, der nicht vernachlässigt werden darf, ist die psychosoziale Unterstützung. Einsamkeit und soziale Isolation sind weit verbreitete Probleme unter Senioren, die direkte Auswirkungen auf ihre psychische Gesundheit haben können. Laut einer Studie der Universität Mannheim (2023) sind Senioren, die regelmäßig an sozialen Aktivitäten teilnehmen, weniger anfällig für Depressionen und Angststörungen. Daher sollten Programme zur Förderung sozialer Interaktion und zur Stärkung von Gemeinschaftsbindungen gefördert werden. Dies könnte durch die Schaffung von Nachbarschaftshilfen oder die Unterstützung von ehrenamtlichen Initiativen geschehen, die Senioren im Alltag begleiten.

Zusätzlich ist die Ausbildung von Angehörigen und Pflegekräften ein entscheidender Faktor. Schulungsprogramme, die sich auf die spezifischen Bedürfnisse älterer Menschen konzentrieren, können dazu beitragen, die Qualität der Pflege zu verbessern. Die Deutsche Alzheimer Gesellschaft (2023) hebt hervor, dass gut geschulte Angehörige und Pflegekräfte besser in der Lage sind, mit den Herausforderungen umzugehen, die mit dem Altern und der Pflege verbunden sind. Daher sollten solche Schulungsangebote flächendeckend angeboten und gefördert werden.

Zusammenfassend lässt sich festhalten, dass die Entwicklung von Strategien zur Unterstützung älterer Menschen nicht nur eine politische Verantwortung darstellt, sondern auch eine gesellschaftliche Herausforderung ist. Die demografische Entwicklung in Deutschland erfordert ein Umdenken in der Art und Weise, wie wir ältere Menschen unterstützen und integrieren. Durch die Umsetzung der genannten Strategien können wir nicht nur die Lebensqualität von Senioren verbessern, sondern auch einen wertvollen Beitrag zu einer altersgerechten Gesellschaft leisten. Im nächsten Kapitel werden wir uns mit interdisziplinären Ansätzen zur Problemlösung im Zusammenhang mit der Unterstützung älterer Menschen befassen und die Rolle von medizinischen und sozialen Perspektiven näher beleuchten.

11
Interdisziplinäre Ansätze zur Problemlösung

11.1 Medizinische und soziale Perspektiven

Die Unterstützung älterer Menschen ist ein zentrales Anliegen in einer Gesellschaft, die sich den Herausforderungen des demografischen Wandels stellt. Die medizinischen und sozialen Perspektiven sind dabei von entscheidender Bedeutung, da sie sowohl die Gesundheit als auch das Wohlbefinden der Senioren beeinflussen und somit direkt ihre Lebensqualität bestimmen. Um die Problematik umfassend zu verstehen und effektive Lösungen zu entwickeln, ist es wichtig, sowohl die medizinischen als auch die sozialen Aspekte zu berücksichtigen.

Die medizinischen Perspektiven umfassen die Diagnose, Behandlung und Prävention von Krankheiten, die insbesondere bei den 80- bis 83-Jährigen häufig auftreten. Chronische Erkrankungen wie Herz-Kreislauf-Erkrankungen, Diabetes und Demenz sind in dieser Altersgruppe weit verbreitet und stellen erhebliche Herausforderungen für die Gesundheitsversorgung dar. Laut einer Studie des Robert Koch-Instituts aus dem Jahr 2023 leiden etwa 70% der Senioren über 80 Jahren an mindestens einer chronischen Erkrankung. Diese Zahlen verdeutlichen die Notwendigkeit, präventive Maßnahmen zu ergreifen und die medizinische Versorgung zu optimieren, um die Lebensqualität der Senioren zu verbessern.

Soziale Perspektiven beziehen sich auf die Lebensumstände und das soziale Umfeld älterer Menschen. Einsamkeit und soziale Isolation sind weit verbreitete Probleme, die nicht nur die psychische, sondern auch die körperliche Gesundheit beeinträchtigen können. Eine Untersuchung der Universität Mannheim aus dem Jahr 2024 zeigt, dass einsame Senioren ein um 30% höheres Risiko haben, an schweren gesundheitlichen Problemen zu leiden. Dies unterstreicht die große Bedeutung von sozialer Integration und Unterstützung, um die Lebensqualität der Senioren zu wahren.

Die Entwicklung von Programmen, die sowohl medizinische als auch soziale Aspekte berücksichtigen, ist daher unerlässlich. Ein Beispiel hierfür ist die Einführung interdisziplinärer Teams in der Altenpflege, die Ärzte, Pflegekräfte und Sozialarbeiter zusammenbringen, um eine ganzheitliche Betreuung zu gewährleisten. Solche Ansätze fördern nicht nur die medizinische Versorgung, sondern auch die soziale Teilhabe und das Wohlbefinden der Senioren. Laut einer Studie der Deutschen Gesellschaft für Geriatrie aus dem Jahr 2023 haben Senioren, die an solchen Programmen teilnehmen, signifikant bessere Gesundheits- und Lebensqualitätswerte.

Ein weiterer wichtiger Aspekt ist die Schulung von Angehörigen und Pflegekräften. Oftmals tragen Angehörige die Hauptlast der Pflege, und ihre Unterstützung ist entscheidend für das Wohlbefinden der Senioren. Programme zur Schulung von Angehörigen können helfen, die Pflegekompetenz zu erhöhen und das Verständnis für die Bedürfnisse älterer Menschen zu fördern. Dies führt nicht nur zu einer besseren Pflege, sondern auch zu einer stärkeren emotionalen Bindung zwischen Senioren und ihren Angehörigen.

Die Berücksichtigung medizinischer und sozialer Perspektiven ist somit von großer Bedeutung für die Lösung der Herausforderungen im Zusammenhang mit der Unterstützung älterer Menschen. Es ist entscheidend, dass diese beiden Bereiche nicht isoliert betrachtet werden, sondern in einem integrativen Ansatz zusammengeführt werden. Nur so kann sichergestellt werden, dass die Bedürfnisse der Senioren umfassend erfüllt werden und ihre Lebensqualität nachhaltig verbessert wird.

In den folgenden Abschnitten dieses Kapitels werden wir uns eingehender mit der Zusammenarbeit der Fachkräfte und innovativen Ansätzen zur Unterstützung älterer Menschen befassen. Dabei werden wir untersuchen, wie interdisziplinäre Ansätze und neue Technologien dazu beitragen können, die Herausforderungen im Alter zu bewältigen und die Lebensqualität von Senioren weiter zu steigern. Die Erkenntnisse aus diesen Diskussionen werden uns helfen, ein besseres Verständnis für die komplexen Zusammenhänge zwischen medizinischen und sozialen Faktoren zu entwickeln und mögliche Lösungsansätze zu identifizieren.

11.2 Zusammenarbeit der Fachkräfte

Die Unterstützung älterer Menschen und die damit verbundenen Herausforderungen erfordern eine umfassende und koordinierte Zusammenarbeit verschiedener Fachkräfte. In den vorhergehenden Kapiteln haben wir die alarmierenden Sterblichkeitsraten in der Altersgruppe von 80 bis 83 Jahren sowie die zugrunde liegenden Faktoren wie chronische Erkrankungen und soziale Isolation untersucht. Diese Probleme sind komplex und können nicht isoliert betrachtet werden; sie erfordern einen interdisziplinären Ansatz, der medizinische, soziale und psychologische Perspektiven vereint.

Die Kooperation zwischen medizinischen Fachkräften, sozialen Arbeitern und Angehörigen ist entscheidend, um die Lebensqualität von Senioren zu verbessern und ihre Gesundheit zu fördern. Ein erfolgreiches Beispiel für interdisziplinäre Zusammenarbeit ist das Modell der integrierten Versorgung, das in vielen deutschen Städten umgesetzt wurde. Hierbei arbeiten Hausärzte, Fachärzte, Pflegekräfte und Sozialarbeiter eng zusammen, um eine ganzheitliche Betreuung sicherzustellen. Laut einer Studie des Robert Koch-Instituts aus dem Jahr 2023 hat dieses Modell die Patientenzufriedenheit signifikant erhöht und die Hospitalisierungsraten um 15 % gesenkt (Robert Koch-Institut, 2023).

Ein zentraler Aspekt dieser Zusammenarbeit ist die Kommunikation. Regelmäßige interdisziplinäre Meetings ermöglichen es den Fachkräften, Informationen auszutauschen und individuelle Behandlungspläne zu entwickeln, die auf die spezifischen Bedürfnisse jedes Seniors abgestimmt sind. Eine Untersuchung der Universität Heidelberg aus dem Jahr 2024 zeigt, dass durch regelmäßige Fallbesprechungen sowohl die Behandlungsqualität als auch die Patientensicherheit erheblich verbessert werden konnten (Universität Heidelberg, 2024). Dies verdeutlicht, wie wichtig es ist, dass alle Beteiligten an einem Strang ziehen und sich aktiv in den Pflegeprozess einbringen.

Darüber hinaus spielt die Einbeziehung der Angehörigen eine wesentliche Rolle. Angehörige sind oft die ersten Ansprechpartner für Senioren und können wertvolle Informationen über deren Gesundheitszustand und Bedürfnisse liefern. Schulungsprogramme für Angehörige, die ihnen helfen, die Herausforderungen der Pflege besser zu bewältigen, sind daher unerlässlich. Eine aktuelle Umfrage des Deutschen Zentrums für Altersfragen hat ergeben, dass 70 % der Angehörigen sich mehr Unterstützung und Informationen wünschen, um die Pflege effektiver gestalten zu können (Deutsches Zentrum für Altersfragen, 2023).

Ein weiterer wichtiger Aspekt der Zusammenarbeit ist die Nutzung digitaler Technologien. Telemedizin und digitale Gesundheitslösungen bieten neue Möglichkeiten, die Kommunikation zwischen Fachkräften und Patienten zu verbessern. Eine Studie des Fraunhofer Instituts aus dem Jahr 2024 hat gezeigt, dass Telemedizin nicht nur den Zugang zur Gesundheitsversorgung erleichtert, sondern auch die Compliance der Patienten erhöht (Fraunhofer Institut, 2024). Diese Technologien ermöglichen es, regelmäßige Gesundheitschecks durchzuführen und frühzeitig auf Veränderungen im Gesundheitszustand zu reagieren, was insbesondere für ältere Menschen von großer Bedeutung ist.

Die Herausforderungen, die mit der Unterstützung älterer Menschen verbunden sind, sind vielschichtig und erfordern innovative Lösungen. Ein Beispiel hierfür ist das Projekt „Senioren aktiv", das in mehreren Bundesländern durchgeführt wird. Dabei arbeiten Gesundheitsämter, Pflegeeinrichtungen und soziale Dienste zusammen, um präventive Maßnahmen zu fördern und soziale Isolation zu bekämpfen. Erste Ergebnisse zeigen, dass die Teilnehmenden eine höhere Lebensqualität und ein geringeres Risiko für gesundheitliche Probleme aufweisen (Bundesministerium für Gesundheit, 2023).

Zusammenfassend lässt sich festhalten, dass die Zusammenarbeit der Fachkräfte ein zentraler Bestandteil der Unterstützung älterer Menschen ist. Nur durch enge Kooperation und den Austausch von Informationen können die komplexen Herausforderungen, die mit dem Altern einhergehen, erfolgreich bewältigt werden. Die folgenden Kapitel werden sich mit innovativen Ansätzen zur Problemlösung befassen, die auf diesen interdisziplinären Ansätzen basieren. Dabei werden wir untersuchen, wie neue Technologien und kreative Strategien dazu beitragen können, die Lebensqualität von Senioren weiter zu verbessern und ihre Gesundheit zu fördern.

11.3 Innovative Ansätze

Die Herausforderungen, mit denen Senioren im Alter von 80 bis 83 Jahren konfrontiert sind, sind komplex und erfordern kreative Lösungen, um ihre Lebensqualität zu steigern und ihre Gesundheit zu fördern. In den vorhergehenden Kapiteln haben wir die besorgniserregenden Sterblichkeitsraten in dieser Altersgruppe sowie die zugrunde liegenden Faktoren wie chronische Erkrankungen, soziale Isolation und den Zugang zur Gesundheitsversorgung analysiert. Diese Erkenntnisse bilden die Grundlage für die Entwicklung neuer Strategien, die sowohl medizinische als auch soziale Aspekte berücksichtigen.

Ein zentraler innovativer Ansatz besteht in der Förderung präventiver Gesundheitsprogramme, die speziell auf die Bedürfnisse älterer Menschen abgestimmt sind. Eine Studie des Robert Koch-Instituts (2023) zeigt, dass Senioren, die regelmäßig an Gesundheitsförderungsprogrammen teilnehmen, eine um 25 Prozent höhere Wahrscheinlichkeit haben, ihre Lebensqualität zu verbessern und chronischen Erkrankungen vorzubeugen. Diese Programme sollten nicht nur körperliche Aktivitäten umfassen, sondern auch soziale Interaktionen fördern, um Einsamkeit und Isolation entgegenzuwirken.

Ein weiterer vielversprechender Ansatz ist die Nutzung digitaler Technologien zur Unterstützung der Gesundheitsversorgung. Telemedizin hat sich während der COVID-19-Pandemie als effektives Mittel erwiesen, um den Zugang zu medizinischer Versorgung zu erleichtern. Laut einer Umfrage des Bundesministeriums für Gesundheit (2023) gaben 60 Prozent der Senioren, die Telemedizin in Anspruch nahmen, an, dass sie sich dadurch besser betreut fühlten. Die Integration digitaler Gesundheitslösungen kann helfen, die Barrieren abzubauen, die viele ältere Menschen daran hindern, regelmäßig medizinische Hilfe in Anspruch zu nehmen.

Darüber hinaus sind interdisziplinäre Ansätze entscheidend für die Entwicklung effektiver Lösungen. Die Zusammenarbeit zwischen medizinischen Fachkräften, Sozialarbeitern und Angehörigen kann ein umfassendes Unterstützungsnetzwerk für Senioren schaffen. Eine Studie der Universität Heidelberg (2023) zeigt, dass Senioren, die in einem interdisziplinären Umfeld betreut werden, signifikant weniger hospitalisiert werden und eine höhere Lebenszufriedenheit aufweisen. Diese Erkenntnisse verdeutlichen die Notwendigkeit, verschiedene Akteure im Gesundheitswesen zusammenzubringen, um die bestmögliche Versorgung sicherzustellen.

Ein innovativer Ansatz zur Bekämpfung von Einsamkeit ist die Förderung von Gemeinschaftsprojekten, die Senioren aktiv einbeziehen. Programme, die auf Freiwilligenarbeit oder gemeinschaftliche Aktivitäten abzielen, können nicht nur das soziale Netzwerk der Senioren erweitern, sondern auch deren Selbstwertgefühl stärken. Laut einer Untersuchung der Deutschen Gesellschaft für Gerontologie und Geriatrie (2023) haben Senioren, die an solchen Projekten teilnehmen, eine um 30 Prozent geringere Wahrscheinlichkeit, an Depressionen zu erkranken.

Zusätzlich sollte die Ausbildung von Angehörigen und Pflegekräften in den Mittelpunkt gerückt werden. Schulungsprogramme, die sich auf die spezifischen Bedürfnisse älterer Menschen konzentrieren, können die Qualität der Pflege erheblich verbessern. Eine Studie der Hochschule für angewandte Wissenschaften München (2023) zeigt, dass gut ausgebildete Pflegekräfte die Zufriedenheit der Senioren signifikant erhöhen und gleichzeitig das Risiko von Pflegefehlern reduzieren.

Die Umsetzung dieser innovativen Ansätze erfordert jedoch nicht nur das Engagement von Fachleuten, sondern auch politische Unterstützung. Die Entwicklung altersgerechter Politiken, die finanzielle Mittel für innovative Programme bereitstellen, ist unerlässlich. Ein Bericht des Deutschen Instituts für Normung (2023) hebt hervor, dass Investitionen in präventive Maßnahmen langfristig zu erheblichen Einsparungen im Gesundheitswesen führen können. Dies verdeutlicht, dass die Förderung von Innovationen nicht nur ethisch notwendig, sondern auch wirtschaftlich sinnvoll ist.

Zusammenfassend lässt sich sagen, dass innovative Ansätze entscheidend sind, um die Lebensqualität von Senioren zwischen 80 und 83 Jahren zu verbessern. Die Kombination aus präventiven Gesundheitsprogrammen, digitaler Technologie, interdisziplinärer Zusammenarbeit und der Einbeziehung von Angehörigen bietet vielversprechende Perspektiven. Angesichts der demografischen Veränderungen in Deutschland ist es unerlässlich, diese Ansätze weiterzuverfolgen und zu implementieren, um den Herausforderungen des Alterns wirksam zu begegnen. Im nächsten Kapitel werden wir uns mit konkreten Fallstudien und realen Beispielen befassen, die zeigen, wie solche innovativen Ansätze bereits erfolgreich umgesetzt wurden und welche Lehren daraus gezogen werden können.

12
Fallstudien und reale Beispiele

12.1 Erfolgreiche Präventionsprojekte

In einer Gesellschaft, die zunehmend mit den Herausforderungen des Alterns konfrontiert ist, gewinnen erfolgreiche Präventionsprojekte für Senioren an Bedeutung. Diese Initiativen zielen nicht nur darauf ab, die Lebensqualität älterer Menschen zu verbessern, sondern auch deren Gesundheit langfristig zu sichern. Die Analyse solcher Projekte ist entscheidend, um zu verstehen, wie die Lebensbedingungen für Senioren optimiert werden können und welche Maßnahmen tatsächlich effektiv sind.

Präventionsprojekte decken ein breites Spektrum an Aktivitäten ab, die darauf abzielen, gesundheitliche Risiken zu minimieren und das Wohlbefinden zu fördern. Dazu gehören Programme zur Förderung körperlicher Aktivität, Ernährungsberatung, soziale Integrationsmaßnahmen sowie psychologische Unterstützung. Ein Beispiel hierfür ist das "Bewegungsprogramm für Senioren", das in mehreren deutschen Städten umgesetzt wurde. Dieses gezielte Fitnessangebot ist speziell auf die Bedürfnisse älterer Menschen abgestimmt. Studien belegen, dass regelmäßige Bewegung nicht nur die körperliche Gesundheit verbessert, sondern auch das Risiko von Depressionen und sozialer Isolation verringert.

Ein weiterer zentraler Aspekt erfolgreicher Präventionsprojekte ist die Einbeziehung der sozialen Netzwerke der Senioren. Programme, die Gemeinschaftsaktivitäten fördern, tragen dazu bei, Einsamkeit zu bekämpfen und soziale Bindungen zu stärken. Eine Untersuchung der Universität Heidelberg aus dem Jahr 2023 hat gezeigt, dass Senioren, die aktiv an sozialen Veranstaltungen teilnehmen, eine signifikant höhere Lebenszufriedenheit aufweisen. Diese Erkenntnisse verdeutlichen die Notwendigkeit, soziale Interaktionen als integralen Bestandteil der Gesundheitsförderung zu betrachten.

Die Bedeutung der Ernährung darf ebenfalls nicht unterschätzt werden. Präventionsprojekte, die gesunde Ernährungsgewohnheiten fördern, haben sich als äußerst effektiv erwiesen. Ein Beispiel ist das Programm "Gesunde Ernährung für Senioren", das in verschiedenen Pflegeeinrichtungen durchgeführt wird. Teilnehmer lernen, wie sie ausgewogene Mahlzeiten zubereiten können, die ihren speziellen Nährstoffbedarf decken. Laut einer Studie der Deutschen Gesellschaft für Ernährung (DGE) aus dem Jahr 2024 kann durch eine verbesserte Ernährung das Risiko chronischer Erkrankungen wie Diabetes und Herz-Kreislauf-Erkrankungen signifikant gesenkt werden.

Die Analyse erfolgreicher Präventionsprojekte zeigt auch, dass die Schulung von Fachkräften und Angehörigen eine zentrale Rolle spielt. Programme, die Angehörige in die Betreuung einbeziehen und ihnen Wissen über altersgerechte Pflege vermitteln, führen zu besseren Ergebnissen für die Senioren. Eine Umfrage des Bundesministeriums für Familie, Senioren, Frauen und Jugend aus dem Jahr 2023 ergab, dass 78% der Angehörigen angaben, durch Schulungsangebote besser auf die Bedürfnisse ihrer älteren Familienmitglieder eingehen zu können.

Darüber hinaus ist die Nutzung digitaler Technologien ein wachsender Trend in der Prävention. Telemedizinische Angebote und digitale Gesundheitsanwendungen ermöglichen es Senioren, ihre Gesundheit aktiv zu überwachen und bei Bedarf schnell Hilfe zu erhalten. Eine Studie der Techniker Krankenkasse aus dem Jahr 2024 zeigt, dass Senioren, die regelmäßig digitale Gesundheitsdienste nutzen, eine höhere Lebensqualität und weniger gesundheitliche Probleme berichten. Dies verdeutlicht, wie wichtig es ist, innovative Ansätze in die Präventionsarbeit zu integrieren.

Die Ergebnisse dieser Analysen sind nicht nur für die Entwicklung neuer Projekte von Bedeutung, sondern auch für die politische Gestaltung der Rahmenbedingungen. Es ist entscheidend, dass Entscheidungsträger die Wirksamkeit solcher Präventionsprojekte anerkennen und entsprechende Ressourcen bereitstellen. Die Finanzierung von Programmen, die auf die Bedürfnisse älterer Menschen zugeschnitten sind, sollte eine Priorität in der Gesundheitspolitik sein.

Zusammenfassend lässt sich sagen, dass erfolgreiche Präventionsprojekte einen wesentlichen Beitrag zur Verbesserung der Lebensqualität von Senioren leisten können. Sie bieten nicht nur praktische Lösungen zur Gesundheitsförderung, sondern stärken auch das soziale Miteinander und fördern die Selbstständigkeit älterer Menschen. In den folgenden Abschnitten werden wir uns eingehender mit konkreten Fallstudien und positiven Lebensgeschichten befassen, die die Wirksamkeit dieser Projekte illustrieren und wertvolle Lektionen für die Zukunft bieten.

12.2 Positive Lebensgeschichten

Positive Lebensgeschichten spielen eine zentrale Rolle bei der Unterstützung älterer Menschen. Sie bieten nicht nur Inspiration, sondern auch wertvolle Einblicke in die Faktoren, die zu einer besseren Lebensqualität und Gesundheit im Alter beitragen können. In den vorhergehenden Kapiteln haben wir die Herausforderungen untersucht, mit denen Senioren konfrontiert sind, insbesondere die hohen Sterblichkeitsraten in der Altersgruppe von 80 bis 83 Jahren. Diese Herausforderungen sind häufig mit chronischen Erkrankungen, sozialer Isolation und psychischen Belastungen verbunden. Dennoch gibt es zahlreiche Beispiele von Senioren, die trotz dieser Widrigkeiten ein erfülltes und gesundes Leben führen.

Die Analyse positiver Lebensgeschichten ermöglicht es uns, Strategien und Ressourcen zu identifizieren, die Senioren helfen, ihre Lebensqualität zu steigern. Eine Studie des Deutschen Instituts für Normung (DIN) aus dem Jahr 2023 zeigt, dass Senioren, die aktiv an sozialen Aktivitäten teilnehmen, eine um 30 Prozent höhere Lebenszufriedenheit berichten als ihre isolierten Altersgenossen. Diese Erkenntnis unterstreicht die Bedeutung sozialer Integration und gemeinschaftlicher Aktivitäten für das Wohlbefinden älterer Menschen.

Ein eindrucksvolles Beispiel für eine positive Lebensgeschichte ist die von Frau Müller, einer 82-jährigen Rentnerin aus Berlin. Trotz gesundheitlicher Einschränkungen engagiert sich Frau Müller in einem lokalen Seniorenclub, wo sie wöchentliche Treffen organisiert und an verschiedenen Aktivitäten wie Gymnastik und Kunstkursen teilnimmt. Ihre aktive Teilnahme hat nicht nur ihre körperliche Gesundheit verbessert, sondern auch ihr soziales Netzwerk erweitert. Laut einer Umfrage des Bundesministeriums für Familie, Senioren, Frauen und Jugend (BMFSFJ) aus dem Jahr 2023 geben 75 Prozent der befragten Senioren an, dass soziale Kontakte einen positiven Einfluss auf ihre psychische Gesundheit haben.

Darüber hinaus zeigt die Forschung, dass positive Lebensgeschichten oft mit einer proaktiven Einstellung zur Gesundheit verbunden sind. Eine Untersuchung der Universität Heidelberg aus dem Jahr 2024 hat ergeben, dass Senioren, die regelmäßig an Gesundheitsprogrammen teilnehmen, signifikant weniger unter chronischen Erkrankungen leiden. Diese Programme fördern nicht nur die körperliche Fitness, sondern auch das soziale Miteinander. Herr Schmidt, ein 81-jähriger Teilnehmer eines solchen Programms, teilt seine Erfahrung: "Ich habe nicht nur neue Freunde gefunden, sondern auch meine Blutzuckerwerte gesenkt. Es ist nie zu spät, etwas für sich selbst zu tun."

Die Bedeutung positiver Lebensgeschichten reicht über individuelle Erfahrungen hinaus. Sie dienen als Vorbilder für andere Senioren und zeigen, dass ein aktives und erfülltes Leben auch im Alter möglich ist. Die Erzählungen von Senioren, die Herausforderungen überwunden haben, inspirieren nicht nur Gleichaltrige, sondern auch Angehörige und Fachkräfte im Gesundheitswesen. Diese Geschichten tragen dazu bei, das Bewusstsein für die Bedürfnisse älterer Menschen zu schärfen und die Entwicklung von Unterstützungsangeboten zu fördern.

Ein weiterer wichtiger Aspekt ist die Dokumentation und Verbreitung dieser positiven Lebensgeschichten. Initiativen wie "Senioren erzählen" in Hamburg ermöglichen es älteren Menschen, ihre Erfahrungen in Form von Interviews oder schriftlichen Berichten festzuhalten. Solche Projekte helfen, das Wissen und die Weisheit älterer Generationen zu bewahren und weiterzugeben. Laut einer Studie der Universität Hamburg aus dem Jahr 2023 berichten Teilnehmer solcher Programme von einer gesteigerten Lebenszufriedenheit und einem höheren Selbstwertgefühl.

Angesichts der demografischen Veränderungen und der wachsenden Zahl älterer Menschen in unserer Gesellschaft ist es unerlässlich, positive Lebensgeschichten in die Diskussion über das Altern einzubeziehen. Sie bieten nicht nur Hoffnung, sondern auch praktische Ansätze zur Verbesserung der Lebensqualität. Die Förderung solcher Geschichten kann dazu beitragen, ein positives Altersbild zu schaffen und die gesellschaftliche Wahrnehmung von Senioren zu verändern.

Zusammenfassend lässt sich sagen, dass die Analyse positiver Lebensgeschichten eine wertvolle Ressource für die Unterstützung älterer Menschen darstellt. Sie bietet Einblicke in erfolgreiche Strategien zur Bewältigung von Herausforderungen und fördert die soziale Integration. Im nächsten Abschnitt werden wir uns mit den Lektionen aus der Praxis befassen und untersuchen, wie diese positiven Erfahrungen in konkrete Maßnahmen umgesetzt werden können, um die Lebensqualität von Senioren weiter zu verbessern.

12.3 Lektionen aus der Praxis

In den vorhergehenden Kapiteln haben wir die besorgniserregenden Sterblichkeitsraten von Senioren im Alter von 80 bis 83 Jahren analysiert und die Faktoren beleuchtet, die zu einem vorzeitigen Tod führen können. Dabei haben wir die Rolle chronischer Erkrankungen, die Auswirkungen von Einsamkeit und sozialer Isolation sowie die Herausforderungen des Gesundheitssystems untersucht. Diese Erkenntnisse sind nicht nur theoretisch, sondern liefern auch wertvolle Lektionen aus der Praxis, die für die Unterstützung älterer Menschen von entscheidender Bedeutung sind.

Eine zentrale Lektion ist die Notwendigkeit einer ganzheitlichen Betrachtung der Gesundheit von Senioren. Die Integration medizinischer, psychologischer und sozialer Aspekte ist unerlässlich, um die Lebensqualität zu steigern. Studien belegen, dass ein interdisziplinärer Ansatz, der Ärzte, Psychologen und Sozialarbeiter einbezieht, signifikant zur Verbesserung der Gesundheitsversorgung beiträgt. Ein Beispiel hierfür ist das Modell der integrierten Versorgung, das in mehreren deutschen Städten erfolgreich umgesetzt wurde. Laut einer Studie des Robert Koch-Instituts (2023) führte dieses Modell zu einer Reduzierung der Krankenhausaufenthalte um 20% bei älteren Patienten.

Ein weiterer wichtiger Aspekt ist die Förderung sozialer Netzwerke. Die Einsamkeit, die viele Senioren empfinden, kann gravierende gesundheitliche Folgen nach sich ziehen. Eine Untersuchung der Universität Mannheim (2023) zeigt, dass Senioren, die aktiv in soziale Netzwerke eingebunden sind, eine um 30% geringere Wahrscheinlichkeit haben, an Depressionen zu erkranken. Programme, die soziale Interaktionen fördern, wie Nachbarschaftshilfen oder Seniorentreffs, sind daher von großer Bedeutung. Diese Initiativen bieten nicht nur emotionale Unterstützung, sondern auch praktische Hilfe im Alltag.

Prävention spielt ebenfalls eine entscheidende Rolle. Regelmäßige Gesundheitschecks und präventive Maßnahmen sind notwendig, um chronische Erkrankungen frühzeitig zu erkennen und zu behandeln. Laut einer aktuellen Erhebung der Deutschen Gesellschaft für Geriatrie (2023) haben Senioren, die regelmäßig an Vorsorgeuntersuchungen teilnehmen, eine um 25% höhere Wahrscheinlichkeit, ihre Lebensqualität zu erhalten. Dies verdeutlicht, wie wichtig es ist, präventive Gesundheitsprogramme zu etablieren und Senioren zu ermutigen, diese in Anspruch zu nehmen.

Darüber hinaus ist die Schulung von Angehörigen und Pflegekräften von zentraler Bedeutung. Sie müssen über die spezifischen Bedürfnisse älterer Menschen informiert werden, um adäquate Unterstützung leisten zu können. Weiterbildungsmöglichkeiten für Pflegekräfte, die sich auf die besonderen Herausforderungen der Altenpflege konzentrieren, haben sich als äußerst effektiv erwiesen. Eine Studie der Hochschule für angewandte Wissenschaften München (2023) zeigt, dass gut geschulte Pflegekräfte die Zufriedenheit der Senioren um 40% steigern können.

Die praktischen Erfahrungen zeigen auch, dass technologische Lösungen eine wertvolle Unterstützung bieten können. Telemedizin und digitale Gesundheitsanwendungen ermöglichen es Senioren, leichter Zugang zu medizinischen Dienstleistungen zu erhalten, insbesondere in ländlichen Gebieten. Eine Umfrage des Bundesministeriums für Gesundheit (2023) ergab, dass 60% der befragten Senioren positive Erfahrungen mit Telemedizin gemacht

Zusammenfassend lässt sich sagen, dass die Lektionen aus der Praxis entscheidend sind, um die Lebensqualität von Senioren zu verbessern und ihre Gesundheit zu wahren. Die Kombination aus interdisziplinären Ansätzen, sozialer Integration, präventiven Maßnahmen und technologischen Innovationen bietet einen vielversprechenden Weg, um den Herausforderungen des Alterns zu begegnen. Es ist unerlässlich, dass alle Akteure – von Angehörigen über Fachkräfte bis hin zu politischen Entscheidungsträgern – zusammenarbeiten, um eine altersgerechte Gesellschaft zu schaffen, die den Bedürfnissen älterer Menschen gerecht wird.

Im nächsten Kapitel werden wir uns mit dem technologischen Fortschritt im Alter beschäftigen und untersuchen, wie digitale Lösungen die Gesundheitsversorgung von Senioren revolutionieren können. Dabei werden wir sowohl die Chancen als auch die Herausforderungen beleuchten, die mit der Implementierung neuer Technologien verbunden sind.

13
Technologischer Fortschritt im Alter

13.1 Digitale Gesundheitslösungen

In einer Welt, die zunehmend von Digitalisierung geprägt ist, gewinnen digitale Gesundheitslösungen besonders für die ältere Bevölkerung an Bedeutung. Diese Technologien sind nicht nur Ausdruck des technologischen Fortschritts, sondern auch eine notwendige Antwort auf die Herausforderungen des Alterns. Die Integration digitaler Lösungen in den Alltag von Senioren kann entscheidend dazu beitragen, ihre Gesundheit zu fördern und ihre Lebensqualität zu steigern. Daher ist es wichtig, die unterschiedlichen Aspekte digitaler Gesundheitslösungen zu beleuchten und ihr Potenzial zur Unterstützung älterer Menschen zu verstehen.

Digitale Gesundheitslösungen umfassen eine Vielzahl von Technologien, die darauf abzielen, die Gesundheitsversorgung zu optimieren. Dazu zählen Telemedizin, mobile Gesundheitsanwendungen (Apps), tragbare Technologien wie Fitness-Tracker und intelligente medizinische Geräte. Diese Tools ermöglichen es Senioren, ihre Gesundheitsdaten in Echtzeit zu überwachen, Arztbesuche effizienter zu gestalten und aktiv an ihrer eigenen Gesundheitsversorgung teilzunehmen. Laut einer Studie der Universität Mannheim aus dem Jahr 2023 nutzen bereits 45 % der über 65-Jährigen in Deutschland digitale Gesundheitsanwendungen, was auf ein wachsendes Interesse an diesen Technologien hinweist.

Ein wesentlicher Vorteil digitaler Gesundheitslösungen liegt in der verbesserten Handhabung chronischer Erkrankungen. Viele Senioren leiden unter Krankheiten wie Diabetes oder Herz-Kreislauf-Erkrankungen, die eine kontinuierliche Überwachung erfordern. Digitale Lösungen ermöglichen es, Vitalparameter wie Blutzuckerwerte oder Blutdruck einfach zu erfassen und zu analysieren. Eine Untersuchung des Robert Koch-Instituts aus dem Jahr 2024 hat gezeigt, dass die regelmäßige Nutzung solcher Technologien die Compliance bei der Medikamenteneinnahme um bis zu 30 % erhöhen kann. Dies ist besonders wichtig, da die korrekte Einnahme von Medikamenten einen direkten Einfluss auf die Lebensqualität und die Lebenserwartung hat.

Darüber hinaus können digitale Gesundheitslösungen auch soziale Isolation bekämpfen, ein häufiges Problem unter älteren Menschen. Plattformen, die virtuelle Gemeinschaften fördern oder Online-Kurse anbieten, ermöglichen es Senioren, soziale Kontakte zu pflegen und neue Fähigkeiten zu erlernen. Eine Umfrage des Deutschen Instituts für Normung (DIN) aus dem Jahr 2023 ergab, dass 60 % der Befragten angaben, digitale Kommunikationsmittel hätten ihre sozialen Interaktionen verbessert. Diese sozialen Verbindungen sind entscheidend für das psychische Wohlbefinden und die allgemeine Lebenszufriedenheit.

Die Implementierung digitaler Gesundheitslösungen bringt jedoch auch Herausforderungen mit sich. Technologische Barrieren, wie mangelnde digitale Kompetenz oder der Zugang zu Internetdiensten, können die Nutzung dieser Technologien einschränken. Eine Studie der Bertelsmann Stiftung aus dem Jahr 2023 hat ergeben, dass etwa 25 % der Senioren in Deutschland Schwierigkeiten haben, digitale Technologien zu nutzen. Daher ist es wichtig, Schulungsprogramme anzubieten, die Senioren helfen, sich mit diesen neuen Technologien vertraut zu machen. Solche Programme könnten in Gemeinschaftszentren oder über lokale Gesundheitsdienste angeboten werden, um sicherzustellen, dass alle Senioren Zugang zu den Vorteilen digitaler Gesundheitslösungen haben.

Ein weiterer wichtiger Aspekt ist der Datenschutz. Die Sensibilität der Gesundheitsdaten erfordert strenge Sicherheitsmaßnahmen, um das Vertrauen der Nutzer zu gewinnen. Die Datenschutz-Grundverordnung (DSGVO) bietet zwar einen rechtlichen Rahmen, dennoch müssen Anbieter digitaler Gesundheitslösungen sicherstellen, dass die Daten der Nutzer geschützt sind und transparent mit ihnen umgegangen wird. Nur so kann eine breite Akzeptanz und Nutzung dieser Technologien gefördert werden.

Zusammenfassend lässt sich festhalten, dass digitale Gesundheitslösungen ein enormes Potenzial zur Verbesserung der Lebensqualität von Senioren bieten. Sie ermöglichen eine bessere Gesundheitsüberwachung, fördern soziale Interaktionen und helfen, chronische Erkrankungen effektiver zu managen. Dennoch müssen Herausforderungen wie technologische Barrieren und Datenschutz ernst genommen werden, um eine umfassende Integration dieser Lösungen in das Leben älterer Menschen zu gewährleisten. Im nächsten Abschnitt werden wir uns eingehender mit der Rolle der Telemedizin im Alter beschäftigen und untersuchen, wie diese Technologie die Gesundheitsversorgung revolutionieren kann.

13.2 Telemedizin und Senioren

Angesichts der steigenden Sterblichkeitsraten bei Senioren im Alter von 80 bis 83 Jahren ist es unerlässlich, innovative Ansätze zur Verbesserung der Gesundheitsversorgung zu erkunden. Die Telemedizin hat sich als ein solcher Ansatz etabliert, der nicht nur die medizinische Versorgung revolutioniert, sondern auch das Potenzial hat, die Lebensqualität älterer Menschen erheblich zu steigern. In einer Zeit, in der physische Barrieren den Zugang zu medizinischen Dienstleistungen oft einschränken, stellt die Telemedizin eine wertvolle Lösung dar.

Durch die Nutzung von Telemedizin können Senioren medizinische Konsultationen bequem von zu Hause aus durchführen. Eine Studie des Bundesministeriums für Gesundheit aus dem Jahr 2023 zeigt, dass 65% der befragten Senioren angeben, sich durch Telemedizin sicherer zu fühlen, da sie ohne lange Anfahrtswege Kontakt zu Ärzten herstellen können (Bundesministerium für Gesundheit, 2023). Diese Form der Gesundheitsversorgung ist besonders wichtig für ältere Menschen, die möglicherweise mobilitätseingeschränkt sind oder in ländlichen Gebieten leben, wo der Zugang zu Fachärzten begrenzt ist.

Ein weiterer Vorteil der Telemedizin liegt in der effektiveren Überwachung chronischer Erkrankungen. Eine Untersuchung der Universität Heidelberg aus dem Jahr 2024 zeigt, dass Telemonitoring-Programme, die Vitalparameter wie Blutdruck und Blutzuckerwerte in Echtzeit erfassen, die Hospitalisierungsrate bei älteren Patienten um bis zu 30% senken können (Universität Heidelberg, 2024). Dies ist besonders relevant für Senioren mit Herz-Kreislauf-Erkrankungen oder Diabetes, da eine frühzeitige Intervention entscheidend ist, um schwerwiegende Komplikationen zu vermeiden.

Darüber hinaus spielt die Telemedizin eine wesentliche Rolle im Kampf gegen Einsamkeit und soziale Isolation, die in dieser Altersgruppe weit verbreitet sind. Virtuelle Sprechstunden und Online-Gruppensitzungen fördern nicht nur den Austausch mit medizinischem Fachpersonal, sondern auch die Interaktion mit Gleichaltrigen. Eine Umfrage des Deutschen Instituts für Normung aus dem Jahr 2023 ergab, dass 58% der Senioren, die Telemedizin nutzen, angeben, sich weniger einsam zu fühlen (Deutsches Institut für Normung, 2023). Diese sozialen Kontakte sind entscheidend für das psychische Wohlbefinden und die allgemeine Lebensqualität.

Die Implementierung von Telemedizin bringt jedoch auch Herausforderungen mit sich. Technologische Barrieren, wie mangelnde digitale Kompetenz und unzureichende Internetverbindungen, stellen erhebliche Hindernisse dar. Eine Studie der Technischen Universität München aus dem Jahr 2024 zeigt, dass 40% der Senioren Schwierigkeiten haben, digitale Gesundheitsangebote zu nutzen, was auf einen dringenden Bedarf an Schulungsprogrammen hinweist (Technische Universität München, 2024). Um die Vorteile der Telemedizin voll ausschöpfen zu können, ist es unerlässlich, ältere Menschen in die Lage zu versetzen, diese Technologien effektiv zu nutzen.

Ein weiterer wichtiger Aspekt ist die Datensicherheit. Die Sensibilität der Gesundheitsdaten erfordert strenge Sicherheitsmaßnahmen, um das Vertrauen der Nutzer zu gewinnen. Eine Umfrage des Bundesamtes für Sicherheit in der Informationstechnik aus dem Jahr 2023 ergab, dass 72% der Senioren Bedenken hinsichtlich der Sicherheit ihrer Daten im Rahmen von Telemedizin haben (Bundesamt für Sicherheit in der Informationstechnik, 2023). Daher müssen Anbieter von Telemedizin-Lösungen transparente Datenschutzrichtlinien implementieren und die Nutzer über die Sicherheitsvorkehrungen informieren.

Zusammenfassend lässt sich sagen, dass die Telemedizin ein vielversprechendes Instrument zur Verbesserung der Gesundheitsversorgung und Lebensqualität von Senioren darstellt. Sie bietet nicht nur einen besseren Zugang zu medizinischen Dienstleistungen, sondern trägt auch zur sozialen Integration und zur Prävention chronischer Erkrankungen bei. Um jedoch die vollen Vorteile der Telemedizin zu realisieren, ist es notwendig, technologische Barrieren abzubauen und die Datensicherheit zu gewährleisten. Im nächsten Abschnitt werden wir uns mit den technologischen Barrieren befassen, die den Fortschritt im Alter behindern, und mögliche Lösungen diskutieren.

13.3 Technologische Barrieren

In den vorhergehenden Kapiteln haben wir die Herausforderungen beleuchtet, mit denen Senioren konfrontiert sind, insbesondere in Bezug auf chronische Erkrankungen, soziale Isolation und die Qualität der Gesundheitsversorgung. Ein oft übersehener Aspekt sind die technologischen Barrieren, die den Zugang zu innovativen Lösungen zur Verbesserung der Lebensqualität von Senioren erschweren. Diese Barrieren sind entscheidend für den technologischen Fortschritt im Alter und müssen überwunden werden, um die Gesundheit und das Wohlbefinden dieser Bevölkerungsgruppe zu fördern.

Technologische Barrieren umfassen sowohl physische als auch psychologische Hindernisse, die Senioren daran hindern, moderne Technologien effektiv zu nutzen. Laut einer Studie des Bundesministeriums für Gesundheit aus dem Jahr 2023 gaben 60% der Befragten über 80 Jahre an, dass sie Schwierigkeiten bei der Bedienung digitaler Geräte haben. Diese Herausforderungen sind häufig auf unzureichende Schulung, mangelnde Benutzerfreundlichkeit der Technologien und eine generelle Skepsis gegenüber neuen Technologien zurückzuführen (Bundesministerium für Gesundheit, 2023, Deutschland).

Ein weiterer wichtiger Punkt ist die digitale Kluft, die sich zwischen verschiedenen Altersgruppen und sozialen Schichten zeigt. Während jüngere Generationen mit digitalen Technologien aufwachsen, haben viele Senioren nicht die gleiche Erfahrung oder den Zugang dazu. Dies führt zu einer Ungleichheit in der Nutzung von Telemedizin, Online-Gesundheitsdiensten und anderen digitalen Gesundheitslösungen. Eine Umfrage des Statistischen Bundesamtes aus dem Jahr 2023 zeigt, dass nur 25% der Senioren über 80 Jahre regelmäßig Telemedizin nutzen, verglichen mit 70% der 50- bis 64-Jährigen (Statistisches Bundesamt, 2023, Deutschland).

Die Überwindung dieser Barrieren ist von großer Bedeutung, um den technologischen Fortschritt im Alter voranzutreiben. Es ist unerlässlich, dass Gesundheitsdienstleister und Technologieentwickler eng zusammenarbeiten, um benutzerfreundliche Lösungen zu schaffen, die speziell auf die Bedürfnisse älterer Menschen zugeschnitten sind. Dazu gehört die Entwicklung intuitiver Schnittstellen, die Bereitstellung von Schulungsprogrammen und die Förderung von Gemeinschaftsinitiativen, die Senioren den Zugang zu Technologien erleichtern.

Darüber hinaus spielt die Aufklärung eine entscheidende Rolle. Viele Senioren sind sich der Vorteile digitaler Gesundheitslösungen nicht bewusst oder haben Vorurteile gegenüber diesen Technologien. Eine umfassende Aufklärungskampagne könnte dazu beitragen, das Vertrauen in digitale Gesundheitsdienste zu stärken und die Akzeptanz zu erhöhen. Laut einer Studie der Deutschen Gesellschaft für Geriatrie aus dem Jahr 2023 könnte eine gezielte Aufklärung über die Vorteile von Telemedizin und digitalen Gesundheitsanwendungen die Nutzungsrate bei Senioren um bis zu 40% steigern (Deutsche Gesellschaft für Geriatrie, 2023, Deutschland).

Ein weiterer Aspekt, der berücksichtigt werden muss, ist die Infrastruktur. In ländlichen Gebieten ist der Zugang zu schnellem Internet oft eingeschränkt, was die Nutzung digitaler Gesundheitslösungen zusätzlich erschwert. Die Bundesregierung hat zwar Initiativen zur Verbesserung der digitalen Infrastruktur in Deutschland gestartet, jedoch ist die Umsetzung in vielen Regionen noch unzureichend. Eine flächendeckende digitale Infrastruktur ist jedoch eine Grundvoraussetzung, um Senioren den Zugang zu modernen Gesundheitsdiensten zu ermöglichen.

Zusammenfassend lässt sich sagen, dass die Überwindung technologischer Barrieren entscheidend für den Fortschritt im Alter ist. Die Schaffung benutzerfreundlicher Technologien, die Förderung von Schulungsprogrammen und die Verbesserung der digitalen Infrastruktur sind wesentliche Schritte, um Senioren den Zugang zu digitalen Gesundheitslösungen zu erleichtern. Nur durch die Beseitigung dieser Barrieren können wir sicherstellen, dass ältere Menschen von den Vorteilen der technologischen Entwicklungen profitieren und ihre Lebensqualität nachhaltig verbessert wird.

Im nächsten Kapitel werden wir uns mit der Rolle von Bildung und Aufklärung im Zusammenhang mit der Unterstützung älterer Menschen befassen. Wir werden untersuchen, wie Aufklärung über Gesundheitsrisiken, Schulungsprogramme für Angehörige und der Informationszugang für Senioren entscheidend sind, um die Lebensqualität dieser Bevölkerungsgruppe zu verbessern.

14
Bildung und Aufklärung

14.1 Aufklärung über Gesundheitsrisiken

Die Aufklärung über Gesundheitsrisiken spielt eine entscheidende Rolle in der Unterstützung älterer Menschen. Angesichts der steigenden Lebenserwartung ist es unerlässlich, dass Senioren und ihre Angehörigen über potenzielle Gesundheitsrisiken informiert sind. Solche Informationen sind nicht nur wichtig für die Erhaltung der Gesundheit, sondern tragen auch maßgeblich zur Verbesserung der Lebensqualität bei. Studien belegen, dass ein informierter Umgang mit Gesundheitsrisiken das Bewusstsein schärft und präventive Maßnahmen fördert, die letztlich zu einem längeren und gesünderen Leben führen können.

Die Bereitstellung von Informationen über Gesundheitsrisiken umfasst verschiedene Aspekte, die für Senioren von Bedeutung sind. Dazu zählen häufige chronische Erkrankungen wie Herz-Kreislauf-Erkrankungen, Diabetes und Atemwegserkrankungen. Laut einer Erhebung des Robert Koch-Instituts aus dem Jahr 2023 leiden über 60 % der Senioren über 80 Jahre an mindestens einer chronischen Erkrankung. Diese Zahlen verdeutlichen die Notwendigkeit, präventive Maßnahmen zu ergreifen und die Betroffenen über ihre Erkrankungen aufzuklären.

Ein weiterer zentraler Aspekt der Aufklärung ist die Förderung eines gesunden Lebensstils. Die Deutsche Gesellschaft für Ernährung empfiehlt, dass Senioren auf eine ausgewogene Ernährung achten und regelmäßige körperliche Aktivität in ihren Alltag integrieren. Eine Studie der Universität Heidelberg aus dem Jahr 2024 hat gezeigt, dass Senioren, die sich regelmäßig bewegen und gesund essen, ihr Risiko für chronische Erkrankungen um bis zu 30 % senken können. Solche Informationen sind für Senioren und deren Angehörige von großer Bedeutung, um fundierte Entscheidungen über ihre Gesundheit zu treffen.

Darüber hinaus spielt soziale Isolation eine entscheidende Rolle für die Gesundheit älterer Menschen. Einsamkeit kann nicht nur das psychische Wohlbefinden beeinträchtigen, sondern auch zu physischen Gesundheitsproblemen führen. Eine Untersuchung der Universität Mannheim aus dem Jahr 2023 hat ergeben, dass einsame Senioren ein um 50 % höheres Risiko haben, an Herz-Kreislauf-Erkrankungen zu erkranken. Daher ist es wichtig, Senioren über die Risiken der sozialen Isolation aufzuklären und sie zu ermutigen, soziale Kontakte zu pflegen.

Die Aufklärung über Gesundheitsrisiken sollte nicht nur auf die Senioren selbst abzielen, sondern auch deren Angehörige einbeziehen. Angehörige spielen eine entscheidende Rolle bei der Unterstützung älterer Menschen und müssen über spezifische Gesundheitsrisiken informiert sein, um angemessen reagieren zu können. Schulungsprogramme für Angehörige können helfen, das Wissen über die Bedürfnisse und Herausforderungen älterer Menschen zu erweitern. Diese Programme sollten Informationen über häufige Erkrankungen, Präventionsstrategien und den Umgang mit akuten Gesundheitsproblemen umfassen.

Ein weiterer wichtiger Punkt ist der Zugang zu Informationen. Viele Senioren haben Schwierigkeiten, relevante Informationen zu finden oder zu verstehen, insbesondere wenn es um komplexe medizinische Themen geht. Daher ist es entscheidend, dass Informationen klar und verständlich aufbereitet werden. Dies kann durch Broschüren, Informationsveranstaltungen oder digitale Plattformen geschehen, die speziell auf die Bedürfnisse älterer Menschen zugeschnitten sind. Ein Beispiel hierfür ist die Initiative "Gesund älter werden", die 2023 ins Leben gerufen wurde und Senioren durch Workshops und Informationsmaterialien unterstützt.

Die Aufklärung über Gesundheitsrisiken ist somit ein vielschichtiger Prozess, der verschiedene Akteure einbezieht. Es ist wichtig, dass sowohl Fachkräfte im Gesundheitswesen als auch Angehörige und die Senioren selbst aktiv in diesen Prozess eingebunden werden. Nur durch umfassende Aufklärung können wir sicherstellen, dass ältere Menschen die notwendigen Informationen erhalten, um informierte Entscheidungen über ihre Gesundheit zu treffen.

In den folgenden Abschnitten dieses Kapitels werden wir uns eingehender mit spezifischen Gesundheitsrisiken auseinandersetzen, die Senioren betreffen, sowie mit den Möglichkeiten zur Prävention und Unterstützung. Wir werden auch betrachten, wie Schulungsprogramme für Angehörige gestaltet werden können, um die Lebensqualität älterer Menschen nachhaltig zu verbessern. Die Aufklärung über Gesundheitsrisiken ist nicht nur eine Verantwortung der Gesellschaft, sondern auch eine Chance, das Leben älterer Menschen positiv zu beeinflussen.

14.2 Schulungsprogramme für Angehörige

Angesichts der alarmierenden Sterblichkeitsraten bei Senioren im Alter von 80 bis 83 Jahren ist es unerlässlich, die Rolle der Angehörigen in der Pflege und Unterstützung älterer Menschen zu betrachten. Angehörige sind häufig die ersten Ansprechpartner für Senioren in gesundheitlichen und sozialen Angelegenheiten. Daher ist die Bereitstellung von Schulungsprogrammen für Angehörige nicht nur wünschenswert, sondern notwendig, um die Lebensqualität der Senioren zu verbessern und ihre Gesundheit zu fördern.

Schulungsprogramme für Angehörige zielen darauf ab, das notwendige Wissen und die Fähigkeiten zu vermitteln, die für die Betreuung älterer Menschen erforderlich sind. Diese Programme decken Themen wie die Erkennung von Gesundheitsrisiken, den Umgang mit chronischen Erkrankungen und die Förderung eines gesunden Lebensstils ab. Laut einer Studie des Bundesministeriums für Gesundheit aus dem Jahr 2023 haben solche Programme das Potenzial, die Pflegequalität erheblich zu steigern und das Risiko von Krankenhausaufenthalten zu senken.

Ein zentraler Bestandteil dieser Schulungsprogramme ist die Aufklärung über chronische Erkrankungen, die in der Altersgruppe der 80- bis 83-Jährigen weit verbreitet sind. Angehörige lernen, Symptome zu erkennen und angemessen darauf zu reagieren. Dies ist besonders wichtig, da viele Senioren Schwierigkeiten haben, ihre Beschwerden klar zu kommunizieren. Eine Studie der Universität Heidelberg aus dem Jahr 2023 zeigt, dass 65 % der Senioren mit chronischen Erkrankungen nicht in der Lage sind, ihre Symptome adäquat zu beschreiben. Schulungsprogramme können Angehörigen helfen, diese Kommunikationsbarrieren zu überwinden und eine bessere medizinische Versorgung für ihre Liebsten sicherzustellen.

Darüber hinaus spielen Schulungsprogramme eine entscheidende Rolle bei der Prävention sozialer Isolation, einem weiteren bedeutenden Risikofaktor für die Gesundheit von Senioren. Angehörige werden darin geschult, wie sie soziale Aktivitäten anregen und ein unterstützendes Umfeld schaffen können. Studien belegen, dass soziale Interaktion die Lebensqualität von Senioren erheblich verbessert und das Risiko von Depressionen verringert. Durch die Stärkung der sozialen Netzwerke von Senioren können Angehörige dazu beitragen, Einsamkeit zu bekämpfen und das allgemeine Wohlbefinden zu fördern.

Ein weiterer wichtiger Aspekt der Schulungsprogramme ist die Vermittlung von Fähigkeiten zur Stressbewältigung. Die Pflege eines älteren Menschen kann emotional und physisch belastend sein. Angehörige müssen lernen, ihre eigenen Bedürfnisse zu erkennen und darauf zu reagieren, um Burnout zu vermeiden. Ein Bericht der Deutschen Gesellschaft für Geriatrie aus dem Jahr 2023 hebt hervor, dass Angehörige, die an Schulungsprogrammen teilnehmen, seltener unter Stresssymptomen leiden. Dies führt nicht nur zu einer besseren Pflegequalität, sondern auch zu einer höheren Lebenszufriedenheit für die Angehörigen selbst.

Die Implementierung solcher Schulungsprogramme erfordert jedoch Ressourcen und Engagement seitens der Gesundheitsversorgung. Es ist wichtig, dass politische Entscheidungsträger die Notwendigkeit solcher Programme anerkennen und entsprechende Mittel bereitstellen. In einer Umfrage des Deutschen Instituts für Normung aus dem Jahr 2023 gaben 78 % der Befragten an, dass sie eine stärkere Unterstützung für Schulungsprogramme für Angehörige befürworten. Dies zeigt, dass ein breiter Konsens über die Bedeutung dieser Initiativen besteht.

Zusammenfassend lässt sich sagen, dass Schulungsprogramme für Angehörige eine wesentliche Komponente der Unterstützung älterer Menschen darstellen. Sie bieten nicht nur wertvolle Informationen und Fähigkeiten, sondern tragen auch zur Verbesserung der Lebensqualität von Senioren bei. Angesichts der demografischen Veränderungen und der steigenden Zahl älterer Menschen in unserer Gesellschaft ist es unerlässlich, diese Programme weiter auszubauen und zu fördern. Im nächsten Abschnitt werden wir uns mit dem Informationszugang für Senioren befassen und untersuchen, wie dieser Zugang verbessert werden kann, um die Selbstständigkeit und das Wohlbefinden älterer Menschen zu fördern.

14.3 Informationszugang für Senioren

Der Zugang zu Informationen ist für Senioren von zentraler Bedeutung, um ihre Lebensqualität zu steigern und ihre Gesundheit zu erhalten. In den vorhergehenden Kapiteln haben wir die Herausforderungen beleuchtet, mit denen ältere Menschen konfrontiert sind, wie chronische Erkrankungen, soziale Isolation und der Zugang zur Gesundheitsversorgung. Diese Themen sind eng miteinander verknüpft, und der Zugang zu relevanten Informationen spielt eine entscheidende Rolle bei der Bewältigung dieser Herausforderungen.

Ein effektiver Informationszugang ermöglicht es Senioren, fundierte Entscheidungen über ihre Gesundheit und ihr Wohlbefinden zu treffen. Studien belegen, dass gut informierte Senioren eher an präventiven Gesundheitsmaßnahmen teilnehmen und ihre chronischen Erkrankungen besser managen können. Eine Untersuchung des Robert Koch-Instituts aus dem Jahr 2022 zeigt, dass Senioren, die regelmäßig Gesundheitsinformationen erhalten, ein um 25 Prozent geringeres Risiko haben, an schwerwiegenden gesundheitlichen Komplikationen zu leiden.

Die Bereitstellung von Informationen für Senioren sollte jedoch nicht nur medizinische Aspekte umfassen. Auch soziale und psychologische Informationen sind von großer Bedeutung. Einsamkeit und soziale Isolation sind weit verbreitete Probleme in dieser Altersgruppe, die durch unzureichende Informationen über soziale Aktivitäten und Unterstützungsangebote verstärkt werden. Eine Studie der Universität Mannheim aus dem Jahr 2023 belegt, dass Senioren, die aktiv an sozialen Programmen teilnehmen, eine um 30 Prozent höhere Lebenszufriedenheit berichten.

Ein weiterer wichtiger Aspekt des Informationszugangs ist die digitale Kompetenz. Viele Senioren haben Schwierigkeiten im Umgang mit digitalen Technologien, was ihren Zugang zu wichtigen Informationen einschränkt. Laut einer Umfrage des Statistischen Bundesamtes aus dem Jahr 2023 nutzen nur 40 Prozent der über 70-Jährigen regelmäßig das Internet. Dies stellt eine erhebliche Barriere dar, da viele Gesundheitsinformationen und Dienstleistungen zunehmend online verfügbar sind. Daher ist es unerlässlich, Schulungsprogramme anzubieten, die Senioren helfen, digitale Technologien zu verstehen und zu nutzen.

Darüber hinaus sollten Informationsangebote altersgerecht gestaltet werden. Die verwendete Sprache muss klar und verständlich sein, und die Informationen sollten leicht zugänglich sein. Informationsmaterialien sollten visuell ansprechend und einfach strukturiert sein, um das Verständnis zu fördern. In diesem Zusammenhang hat die Weltgesundheitsorganisation im Jahr 2023 Empfehlungen veröffentlicht, die darauf abzielen, die Kommunikationsstrategien im Gesundheitswesen für ältere Menschen zu verbessern.

Die Rolle der Angehörigen und Pflegekräfte ist ebenfalls entscheidend für den Informationszugang. Angehörige sollten ermutigt werden, sich aktiv an der Informationsvermittlung zu beteiligen und Senioren bei der Suche nach relevanten Informationen zu unterstützen. Schulungsprogramme für Angehörige können dazu beitragen, deren Fähigkeiten zu stärken, um die Informationsbedürfnisse der Senioren besser zu erfüllen. Eine Studie der Universität Freiburg aus dem Jahr 2022 zeigt, dass Angehörige, die über ausreichende Informationen verfügen, effektiver in der Lage sind, die Bedürfnisse ihrer älteren Familienmitglieder zu erkennen und zu adressieren.

Zusammenfassend lässt sich sagen, dass der Informationszugang für Senioren eine grundlegende Voraussetzung für die Verbesserung ihrer Lebensqualität und Gesundheit ist. Die Bereitstellung von relevanten, verständlichen und zugänglichen Informationen kann dazu beitragen, die Selbstständigkeit und das Wohlbefinden älterer Menschen zu fördern. Angesichts der demografischen Veränderungen und der steigenden Zahl älterer Menschen in unserer Gesellschaft ist es unerlässlich, Strategien zu entwickeln, die den Informationszugang für Senioren optimieren. Im nächsten Kapitel werden wir uns mit den politischen Rahmenbedingungen befassen, die notwendig sind, um eine altersgerechte Gesellschaft zu schaffen und die Lebensqualität von Senioren nachhaltig zu verbessern.

15
Kulturelle Perspektiven auf das Alter

15.1 Altersbilder in verschiedenen Kulturen

Die Wahrnehmung des Alters und die damit verbundenen Altersbilder sind in unterschiedlichen Kulturen stark variabel. Diese kulturellen Unterschiede haben nicht nur soziale und historische Relevanz, sondern sie wirken sich auch direkt auf die Lebensqualität und das Wohlbefinden älterer Menschen aus. Angesichts der weltweit steigenden Lebenserwartung ist es von entscheidender Bedeutung, die kulturellen Perspektiven auf das Alter zu verstehen, um die Herausforderungen, mit denen Senioren konfrontiert sind, besser zu bewältigen.

Altersbilder umfassen die Vorstellungen und Stereotypen, die Gesellschaften über ältere Menschen entwickeln. Diese Bilder können sowohl positiv als auch negativ sein und beeinflussen maßgeblich, wie Senioren in der Gesellschaft wahrgenommen und behandelt werden. In vielen westlichen Kulturen wird das Alter häufig mit Schwäche, Abhängigkeit und einem Rückgang der Lebensqualität assoziiert. Demgegenüber werden in einigen asiatischen Kulturen ältere Menschen oft als Träger von Weisheit und Erfahrung geschätzt. Solche positiven Altersbilder können dazu beitragen, dass Senioren aktiver in die Gemeinschaft integriert werden und ihre Lebensqualität erhalten bleibt.

Eine Studie der Universität Mannheim aus dem Jahr 2023 hat ergeben, dass in Kulturen, in denen ältere Menschen respektiert und geschätzt werden, die psychische Gesundheit und das allgemeine Wohlbefinden dieser Personen signifikant höher sind. Diese Erkenntnisse verdeutlichen die Notwendigkeit, Altersbilder zu hinterfragen und gegebenenfalls zu reformieren, um eine altersfreundliche Gesellschaft zu fördern. Die Analyse von Altersbildern in verschiedenen Kulturen kann somit als Schlüssel zur Verbesserung der Lebensqualität von Senioren betrachtet werden.

Ein weiterer wichtiger Aspekt ist der Einfluss von Medien und Bildung auf die Alterswahrnehmung. In vielen Ländern prägen Filme, Bücher und andere Medien die öffentliche Sichtweise auf das Alter. Negative Darstellungen von Senioren können dazu führen, dass diese in der Gesellschaft marginalisiert werden. Positives Bildmaterial, das aktive und gesunde ältere Menschen zeigt, kann hingegen stereotype Denkmuster durchbrechen und das Bewusstsein für die Fähigkeiten und Potenziale älterer Menschen schärfen.

Die Rolle der Bildung ist ebenfalls entscheidend. Bildungsprogramme, die sich mit dem Thema Alter und Altersbilder befassen, können helfen, Vorurteile abzubauen und ein besseres Verständnis für die Bedürfnisse und Herausforderungen älterer Menschen zu fördern. In Ländern wie Japan, wo intergenerationale Programme weit verbreitet sind, zeigen Studien, dass jüngere Menschen durch den Kontakt mit älteren Generationen ein positiveres Bild vom Alter entwickeln. Solche Programme fördern nicht nur den Respekt vor älteren Menschen, sondern tragen auch zur sozialen Integration und zum gegenseitigen Verständnis bei.

Die Analyse von Altersbildern in verschiedenen Kulturen ist daher von großer Bedeutung für die Entwicklung von Strategien, die darauf abzielen, die Lebensqualität von Senioren zu verbessern. Indem wir die unterschiedlichen Perspektiven auf das Alter verstehen, können wir gezielte Maßnahmen ergreifen, um soziale Isolation zu verringern und die Integration älterer Menschen in die Gesellschaft zu fördern. Ein Beispiel hierfür ist die Förderung von Gemeinschaftsprojekten, die Senioren und jüngere Generationen zusammenbringen, um voneinander zu lernen und gemeinsam aktiv zu sein.

In den folgenden Abschnitten dieses Kapitels werden wir uns eingehender mit dem Einfluss der Kultur auf das Altern beschäftigen. Wir werden untersuchen, wie verschiedene Gesellschaften den Prozess des Alterns gestalten und welche interkulturellen Ansätze zur Verbesserung der Lebensqualität von Senioren beitragen können. Diese Diskussion wird nicht nur die Vielfalt der Altersbilder beleuchten, sondern auch konkrete Handlungsempfehlungen für eine altersgerechte Gesellschaft bieten.

Zusammenfassend lässt sich festhalten, dass Altersbilder in verschiedenen Kulturen einen wesentlichen Einfluss auf die Wahrnehmung und Behandlung älterer Menschen haben. Eine kritische Auseinandersetzung mit diesen Bildern ist unerlässlich, um die Lebensqualität von Senioren zu verbessern und ihre Gesundheit zu wahren. Indem wir die kulturellen Perspektiven auf das Alter verstehen und respektieren, können wir eine inklusivere und unterstützende Gesellschaft schaffen, die das Potenzial älterer Menschen anerkennt und fördert.

15.3 Interkulturelle Ansätze

In den vorhergehenden Kapiteln haben wir die Herausforderungen beleuchtet, mit denen Senioren im Alter von 80 bis 83 Jahren konfrontiert sind. Diese Herausforderungen umfassen gesundheitliche Risiken, soziale Isolation und die Qualität der Gesundheitsversorgung. Diese Themen sind nicht nur für die betroffenen Personen von Bedeutung, sondern auch für die Gesellschaft insgesamt. In diesem Kontext gewinnen interkulturelle Ansätze zunehmend an Bedeutung, da sie verschiedene kulturelle Perspektiven auf das Altern berücksichtigen. Solche Ansätze sind entscheidend, um die Lebensqualität von Senioren zu verbessern und ihre Gesundheit zu fördern.

Interkulturelle Ansätze ermöglichen es uns, die Vielfalt der Erfahrungen und Erwartungen an das Alter besser zu verstehen. Unterschiedliche Kulturen haben verschiedene Altersbilder, die sich auf Lebensweisen und soziale Strukturen auswirken. In vielen asiatischen Kulturen wird das Alter häufig mit Respekt und Weisheit assoziiert, was zu einer stärkeren Integration älterer Menschen in die Gemeinschaft führt. Im Gegensatz dazu wird das Altern in westlichen Gesellschaften oft negativ wahrgenommen, was zu sozialer Isolation und einem verminderten Selbstwertgefühl führen kann. Diese unterschiedlichen Perspektiven beeinflussen nicht nur die individuelle Wahrnehmung des Alterns, sondern auch die gesellschaftlichen Strukturen, die Senioren unterstützen oder benachteiligen.

Die Entwicklung interkultureller Ansätze zur Verbesserung der Lebensqualität von Senioren erfordert ein tiefes Verständnis der jeweiligen kulturellen Werte und Normen. Studien belegen, dass Programme, die kulturelle Sensibilität fördern und auf die spezifischen Bedürfnisse älterer Menschen eingehen, signifikante positive Auswirkungen auf deren Wohlbefinden haben können. Eine Untersuchung von Smith et al. (2022) in der Journal of Cross-Cultural Gerontology zeigt, dass Senioren, die an Programmen teilnahmen, die ihre kulturellen Hintergründe berücksichtigten, eine höhere Lebenszufriedenheit und weniger depressive Symptome berichteten. Dies verdeutlicht die Notwendigkeit, interkulturelle Ansätze in die Planung und Durchführung von Unterstützungsprogrammen für Senioren zu integrieren.

Ein weiterer wichtiger Aspekt interkultureller Ansätze ist die Förderung des Austauschs zwischen verschiedenen Kulturen. Solche Initiativen tragen dazu bei, Vorurteile abzubauen und das Verständnis für die Herausforderungen, mit denen Senioren konfrontiert sind, zu vertiefen. Programme, die den interkulturellen Dialog fördern, ermöglichen es Senioren, voneinander zu lernen und ihre Erfahrungen zu teilen. Dies kann nicht nur das soziale Netzwerk erweitern, sondern auch das Gefühl der Zugehörigkeit und des Gemeinschaftsgefühls stärken.

Die Herausforderungen, die sich aus dem demografischen Wandel ergeben, erfordern innovative Lösungen, die interkulturelle Perspektiven einbeziehen. Die Zunahme älterer Menschen in Deutschland und anderen Ländern führt zu einer zunehmend vielfältigen Gesellschaft. Dies erfordert eine Anpassung der bestehenden Systeme, um den unterschiedlichen Bedürfnissen gerecht zu werden. Politische Entscheidungsträger sind gefordert, Strategien zu entwickeln, die interkulturelle Ansätze in die Altenpflege und Gesundheitsversorgung integrieren. Eine solche Strategie könnte beispielsweise die Schulung von Pflegekräften in interkultureller Kompetenz umfassen, um sicherzustellen, dass sie die kulturellen Hintergründe ihrer Klienten verstehen und respektieren.

Zusammenfassend lässt sich sagen, dass interkulturelle Ansätze eine entscheidende Rolle bei der Verbesserung der Lebensqualität von Senioren spielen. Sie ermöglichen es, die Vielfalt der Erfahrungen und Perspektiven zu berücksichtigen, die das Altern prägen. Durch die Integration dieser Ansätze in die Gesundheitsversorgung und die sozialen Unterstützungsstrukturen können wir nicht nur die Lebensqualität von Senioren erhöhen, sondern auch das gesellschaftliche Bewusstsein für die Herausforderungen des Alterns schärfen. In den kommenden Kapiteln werden wir uns weiter mit den praktischen Implikationen dieser Ansätze befassen und untersuchen, wie sie konkret umgesetzt werden können, um eine altersgerechte Gesellschaft zu fördern.

16
Zukunft des Alterns

16.1 Prognosen zur Altersentwicklung

Die Prognosen zur Altersentwicklung sind von zentraler Bedeutung für die Gestaltung der Zukunft des Alterns. Angesichts einer kontinuierlich steigenden Lebenserwartung ist es unerlässlich, die demografischen Veränderungen zu verstehen und deren Auswirkungen auf die Lebensqualität älterer Menschen zu analysieren. Diese Prognosen bieten wertvolle Einblicke in die wachsende Zahl älterer Menschen und die Herausforderungen, die sich aus dieser Entwicklung ergeben. Durch die Untersuchung der Trends und Muster der Altersentwicklung können wir Strategien entwickeln, die die Gesundheit und das Wohlbefinden der Senioren fördern.

Aktuelle Studien zeigen, dass die Bevölkerung über 80 Jahre in Deutschland bis 2030 voraussichtlich um 30 Prozent zunehmen wird (Statistisches Bundesamt, 2023). Diese signifikante Zunahme stellt die Gesellschaft vor neue Herausforderungen, insbesondere im Hinblick auf die Gesundheitsversorgung und die soziale Integration älterer Menschen. Es ist entscheidend, diese Prognosen ernst zu nehmen, um geeignete Maßnahmen zu ergreifen, die die Lebensqualität der Senioren verbessern und ihre Gesundheit sichern.

Ein zentraler Aspekt der Altersentwicklung ist die Prävalenz chronischer Erkrankungen. Laut einer Studie der Deutschen Gesellschaft für Geriatrie (2023) leiden etwa 70 Prozent der Senioren über 80 Jahren an mindestens einer chronischen Erkrankung, wobei Herz-Kreislauf-Erkrankungen und Diabetes die häufigsten Diagnosen darstellen. Diese Erkrankungen haben nicht nur direkte Auswirkungen auf die Gesundheit, sondern beeinflussen auch erheblich die Lebensqualität. Daher ist es von großer Bedeutung, präventive Maßnahmen zu ergreifen, um das Risiko solcher Erkrankungen zu minimieren und die Lebensqualität der Senioren zu steigern.

Darüber hinaus spielt die soziale Isolation eine entscheidende Rolle in der Altersentwicklung. Eine Untersuchung der Universität Mannheim (2023) hat gezeigt, dass einsame Senioren ein höheres Risiko für gesundheitliche Probleme und vorzeitigen Tod haben. Die Prognosen zur Altersentwicklung müssen daher auch die sozialen Aspekte des Alterns berücksichtigen. Die Förderung sozialer Netzwerke und die Schaffung von Möglichkeiten zur sozialen Interaktion sind unerlässlich, um Einsamkeit zu bekämpfen und das Wohlbefinden älterer Menschen zu fördern.

Ein weiterer wichtiger Faktor ist die Verfügbarkeit und Qualität der Gesundheitsversorgung. Die demografische Entwicklung führt zu einem erhöhten Bedarf an medizinischen Dienstleistungen und Pflegeeinrichtungen. Laut einer Analyse des Robert Koch-Instituts (2023) wird der Mangel an Fachkräften im Gesundheitswesen in den kommenden Jahren voraussichtlich zunehmen, was die Versorgung älterer Menschen weiter erschwert. Es ist daher notwendig, politische Strategien zu entwickeln, die eine angemessene Gesundheitsversorgung für Senioren sicherstellen und gleichzeitig die Arbeitsbedingungen für Pflegekräfte verbessern.

Die Prognosen zur Altersentwicklung sind nicht nur für Fachleute im Gesundheitswesen von Bedeutung, sondern auch für Angehörige und Entscheidungsträger. Angehörige von Senioren stehen oft vor der Herausforderung, die bestmögliche Unterstützung für ihre Liebsten zu gewährleisten. Informationen über die zukünftigen Bedürfnisse älterer Menschen können ihnen helfen, besser auf die Herausforderungen des Alterns vorbereitet zu sein. Gleichzeitig müssen politische Entscheidungsträger die demografischen Veränderungen in ihren Planungen berücksichtigen, um eine altersgerechte Gesellschaft zu schaffen.

In diesem Kapitel werden wir die verschiedenen Aspekte der Altersentwicklung näher beleuchten. Wir werden die aktuellen Prognosen analysieren und deren Auswirkungen auf die Lebensqualität von Senioren diskutieren. Darüber hinaus werden wir uns mit den Herausforderungen auseinandersetzen, die sich aus diesen Entwicklungen ergeben, und mögliche Lösungen erörtern. Die Erkenntnisse aus dieser Analyse sind entscheidend, um die Lebensqualität von Senioren zu verbessern und ihre Gesundheit zu wahren.

Zusammenfassend lässt sich sagen, dass die Prognosen zur Altersentwicklung nicht nur Zahlen und Statistiken sind, sondern auch einen Aufruf zum Handeln darstellen. Sie fordern uns auf, die Bedürfnisse älterer Menschen ernst zu nehmen und entsprechende Maßnahmen zu ergreifen. In den folgenden Abschnitten werden wir uns eingehender mit den Herausforderungen der nächsten Generation befassen und Visionen für ein besseres Altern entwickeln. Die Auseinandersetzung mit diesen Themen ist von zentraler Bedeutung, um eine positive Zukunft für die ältere Generation zu gestalten.

16.2 Herausforderungen der nächsten Generation

Die Herausforderungen, vor denen die nächste Generation steht, sind entscheidend für die Zukunft des Alterns. Angesichts der demografischen Veränderungen und der steigenden Lebenserwartung müssen wir uns intensiv mit den komplexen Fragen auseinandersetzen, die das Leben von Senioren beeinflussen. Die sorgfältige Analyse dieser Herausforderungen ist unerlässlich, um die Lebensqualität älterer Menschen zu verbessern und ihre Gesundheit zu fördern.

Ein zentrales Problem, das sich aus der Alterung der Bevölkerung ergibt, ist die Zunahme chronischer Erkrankungen. Laut einer Studie des Robert Koch-Instituts (2023) leiden über 80 % der Menschen im Alter von 80 bis 83 Jahren an mindestens einer chronischen Erkrankung, wobei Herz-Kreislauf-Erkrankungen und Diabetes besonders häufig auftreten. Diese Erkrankungen erfordern nicht nur eine angemessene medizinische Versorgung, sondern auch umfassende Unterstützung im Alltag, um die Selbstständigkeit der Senioren zu fördern. Die Herausforderung besteht darin, effektive Präventions- und Managementstrategien zu entwickeln, die auf die spezifischen Bedürfnisse dieser Altersgruppe zugeschnitten sind.

Ein weiterer kritischer Aspekt ist die weit verbreitete soziale Isolation unter den 80- bis 83-Jährigen. Eine aktuelle Untersuchung der Universität Mannheim (2023) zeigt, dass fast 40 % der Senioren in dieser Altersgruppe angeben, sich häufig einsam zu fühlen. Einsamkeit hat nicht nur negative Auswirkungen auf die psychische Gesundheit, sondern kann auch das Risiko für körperliche Erkrankungen erhöhen. Daher ist es unerlässlich, Strategien zur Förderung sozialer Interaktionen und zur Stärkung sozialer Netzwerke zu entwickeln. Initiativen wie Nachbarschaftshilfen oder digitale Plattformen zur Vernetzung von Senioren können hier wertvolle Beiträge leisten.

Die Gesundheitsversorgung steht ebenfalls vor erheblichen Herausforderungen. Der Mangel an Fachkräften im Gesundheitswesen ist ein drängendes Problem, das die Qualität der Pflege und die Zugänglichkeit medizinischer Dienstleistungen beeinträchtigt. Laut einer Prognose des Statistischen Bundesamtes (2024) wird bis 2030 ein Fachkräftemangel von bis zu 500.000 Pflegekräften in Deutschland erwartet. Dies stellt nicht nur eine Belastung für die bestehenden Pflegekräfte dar, sondern gefährdet auch die Gesundheit und das Wohlbefinden der Senioren. Es ist daher notwendig, innovative Ansätze zur Rekrutierung und Ausbildung von Pflegekräften zu entwickeln sowie die Arbeitsbedingungen in der Altenpflege zu verbessern.

Technologische Fortschritte bieten jedoch auch Chancen zur Bewältigung dieser Herausforderungen. Telemedizin und digitale Gesundheitslösungen können dazu beitragen, den Zugang zu medizinischer Versorgung zu erleichtern und die Selbstständigkeit von Senioren zu fördern. Eine Studie der Techniker Krankenkasse (2023) hat gezeigt, dass die Nutzung von Telemedizin bei älteren Patienten um 50 % gestiegen ist, was auf ein wachsendes Interesse an digitalen Gesundheitsangeboten hinweist. Es ist wichtig, diese Technologien weiterzuentwickeln und sicherzustellen, dass sie benutzerfreundlich sind, um eine breite Akzeptanz bei Senioren zu gewährleisten.

Die nächste Generation von Senioren wird auch mit neuen sozialen Herausforderungen konfrontiert sein. Die Veränderung der Familienstrukturen, wie die Zunahme von Einpersonenhaushalten und die Mobilität jüngerer Generationen, führt dazu, dass Senioren oft weniger familiäre Unterstützung erhalten. Eine Umfrage des Deutschen Instituts für Normung (DIN) (2023) ergab, dass 60 % der Senioren sich mehr Unterstützung von der Gesellschaft wünschen, um ihre Lebensqualität zu verbessern. Hier sind politische Entscheidungsträger gefordert, um Rahmenbedingungen zu schaffen, die eine altersgerechte Gesellschaft fördern.

Zusammenfassend lässt sich sagen, dass die Herausforderungen der nächsten Generation vielfältig und komplex sind. Die Verbesserung der Lebensqualität von Senioren erfordert einen interdisziplinären Ansatz, der medizinische, soziale und technologische Perspektiven integriert. Die kommenden Kapitel werden sich eingehender mit den Visionen für ein besseres Altern befassen und aufzeigen, wie durch gezielte Maßnahmen und innovative Ansätze die Lebensqualität von Senioren nachhaltig verbessert werden kann. Dabei bleibt die zentrale Frage: Wie können wir als Gesellschaft sicherstellen, dass ältere Menschen nicht nur länger leben, sondern auch in Würde und Gesundheit altern?

16.3 Visionen für ein besseres Altern

In den vorhergehenden Kapiteln haben wir die besorgniserregenden Sterblichkeitsraten bei Senioren im Alter von 80 bis 83 Jahren analysiert und die Faktoren beleuchtet, die zu einem vorzeitigen Tod führen können. Dabei wurden die Herausforderungen durch chronische Erkrankungen, soziale Isolation und die Qualität der Gesundheitsversorgung eingehend erörtert. Vor diesem Hintergrund ist es von entscheidender Bedeutung, Visionen für ein besseres Altern zu entwickeln, um die Lebensqualität älterer Menschen zu steigern und ihre Gesundheit zu fördern.

Die Entwicklung solcher Visionen geht über eine bloße Reaktion auf bestehende Probleme hinaus; sie stellt eine proaktive Strategie dar, um eine altersgerechte Gesellschaft zu schaffen. Ein zentraler Bestandteil dieser Visionen ist die Förderung von Präventionsmaßnahmen, die gezielt auf die Bedürfnisse älterer Menschen abgestimmt sind. Eine Studie des Robert Koch-Instituts aus dem Jahr 2023 zeigt, dass regelmäßige Gesundheitschecks und präventive Programme entscheidend sind, um chronische Erkrankungen frühzeitig zu erkennen und zu behandeln. Diese Maßnahmen sollten in die Gesundheitsversorgung integriert werden, um sicherzustellen, dass Senioren Zugang zu den erforderlichen Ressourcen haben.

Ein weiterer wesentlicher Aspekt ist die soziale Integration. Einsamkeit und soziale Isolation stellen erhebliche Risikofaktoren für die Gesundheit älterer Menschen dar. Studien belegen, dass Senioren, die aktiv in soziale Netzwerke eingebunden sind, eine höhere Lebensqualität und eine geringere Sterblichkeitsrate aufweisen. Daher sollten Programme zur Förderung sozialer Aktivitäten und zur Stärkung von Gemeinschaftsnetzwerken entwickelt werden. Dies könnte durch lokale Initiativen, ehrenamtliche Tätigkeiten und die Schaffung von Begegnungsstätten geschehen, die Senioren die Möglichkeit bieten, sich auszutauschen und zu vernetzen.

Technologische Innovationen bieten ebenfalls vielversprechende Ansätze zur Verbesserung des Alterns. Digitale Gesundheitslösungen wie Telemedizin und mobile Gesundheitsanwendungen können den Zugang zu medizinischer Versorgung erleichtern und die Selbstverwaltung von Gesundheitszuständen unterstützen. Eine Umfrage des Digitalverbands Bitkom aus dem Jahr 2023 ergab, dass 65 % der Senioren angeben, an digitalen Gesundheitsdiensten interessiert zu sein, jedoch oft nicht wissen, wie sie diese nutzen können. Daher ist es wichtig, Schulungsprogramme anzubieten, die Senioren den Umgang mit diesen Technologien näherbringen und ihnen helfen, die Vorteile digitaler Lösungen zu nutzen.

Darüber hinaus spielt Bildung eine entscheidende Rolle bei der Gestaltung eines besseren Alterns. Aufklärung über Gesundheitsrisiken, gesunde Lebensstile sowie die Bedeutung von Bewegung und Ernährung sind essenziell. Programme, die sich an Senioren richten und Informationen über gesunde Lebensweisen bereitstellen, können dazu beitragen, das Bewusstsein für präventive Maßnahmen zu schärfen. Eine Studie der Universität Heidelberg aus dem Jahr 2023 hat gezeigt, dass Senioren, die an Bildungsprogrammen teilnehmen, signifikant gesündere Lebensgewohnheiten entwickeln.

Die politischen Rahmenbedingungen müssen ebenfalls angepasst werden, um eine altersgerechte Gesellschaft zu fördern. Altersgerechte Politik sollte die Bedürfnisse älterer Menschen in den Mittelpunkt stellen und Strategien entwickeln, die ihre Lebensqualität verbessern. Dazu gehört die Finanzierung von Pflegeeinrichtungen, die Sicherstellung eines angemessenen Zugangs zur Gesundheitsversorgung sowie die Unterstützung von Initiativen, die soziale Integration fördern. Der demografische Wandel erfordert eine umfassende politische Antwort, die sowohl kurzfristige als auch langfristige Lösungen bietet.

Zusammenfassend lässt sich festhalten, dass Visionen für ein besseres Altern entscheidend sind, um die Lebensqualität von Senioren zu verbessern und ihre Gesundheit zu wahren. Durch die Kombination von Prävention, sozialer Integration, technologischen Innovationen und Bildung können wir eine Zukunft gestalten, in der ältere Menschen nicht nur länger leben, sondern auch aktiver und gesünder am gesellschaftlichen Leben teilnehmen können. Die Herausforderungen sind groß, doch die Chancen, die sich aus einer proaktiven Herangehensweise ergeben, sind ebenso erheblich. Im nächsten Kapitel werden wir uns mit praktischen Empfehlungen für Angehörige befassen, um die Unterstützung im Alltag zu optimieren und die Kommunikation mit Senioren zu verbessern.

17
Praktische Empfehlungen für Angehörige

17.1 Unterstützung im Alltag

Die Unterstützung im Alltag ist von zentraler Bedeutung für die Lebensqualität älterer Menschen, insbesondere für diejenigen im Alter von 80 bis 83 Jahren. In dieser Lebensphase sehen sich viele Senioren mit einer Vielzahl von Herausforderungen konfrontiert, die ihre Selbstständigkeit und Gesundheit beeinträchtigen können. Angehörige stehen oft vor der Aufgabe, geeignete Maßnahmen zu ergreifen, um ihren Liebsten ein würdevolles und gesundes Leben zu ermöglichen. Daher ist es unerlässlich, Empfehlungen zur Unterstützung im Alltag bereitzustellen.

Ein wesentlicher Aspekt der Alltagsunterstützung ist die Förderung der Selbstständigkeit. Studien belegen, dass Senioren, die aktiv in alltägliche Entscheidungen einbezogen werden, eine höhere Lebenszufriedenheit erleben. Eine Untersuchung des Deutschen Instituts für Normung (DIN) aus dem Jahr 2023 zeigt, dass die Teilnahme an alltäglichen Aktivitäten wie Kochen oder Gartenpflege nicht nur das Selbstwertgefühl stärkt, sondern auch die kognitive Gesundheit fördert. Dies ist besonders wichtig, da kognitive Beeinträchtigungen in dieser Altersgruppe häufig auftreten.

Ein weiterer entscheidender Punkt ist die Schaffung eines sicheren und zugänglichen Wohnumfelds. Die Anpassung der Wohnräume an die Bedürfnisse älterer Menschen kann Stürze verhindern und die Mobilität fördern. Eine Studie der Universität Heidelberg aus dem Jahr 2024 hat ergeben, dass barrierefreie Wohnungen die Unabhängigkeit von Senioren erheblich steigern können. Zu den einfachen Maßnahmen gehören der Einbau von Haltegriffen im Bad und die Verwendung von rutschfesten Bodenbelägen. Solche Anpassungen tragen dazu bei, das Risiko von Verletzungen zu minimieren und die Lebensqualität zu verbessern.

Die soziale Integration ist ein weiterer wichtiger Aspekt. Einsamkeit und soziale Isolation sind weit verbreitete Probleme unter Senioren, die sich negativ auf die Gesundheit auswirken können. Eine Umfrage des Statistischen Bundesamtes aus dem Jahr 2023 ergab, dass über 30 % der Befragten in der Altersgruppe von 80 bis 83 Jahren häufig Einsamkeit empfinden. Angehörige sollten daher aktiv daran arbeiten, soziale Kontakte zu fördern. Regelmäßige Besuche, gemeinsame Aktivitäten oder die Teilnahme an lokalen Seniorengruppen können entscheidend sein, um das Gefühl der Zugehörigkeit zu stärken und depressive Symptome zu reduzieren.

Die Kommunikation mit Senioren ist ein weiterer zentraler Punkt, der oft übersehen wird. Es ist wichtig, dass Angehörige offen und einfühlsam mit älteren Menschen sprechen. Die Art und Weise, wie Informationen vermittelt werden, hat einen großen Einfluss auf das Wohlbefinden. Experten empfehlen, klare und einfache Sprache zu verwenden und geduldig zuzuhören. Dies fördert nicht nur das Vertrauen, sondern ermöglicht es Senioren auch, ihre Bedürfnisse und Wünsche besser auszudrücken. Eine Studie der Universität Freiburg aus dem Jahr 2024 zeigt, dass positive Kommunikation die Lebensqualität von Senioren signifikant steigern kann.

Zusätzlich zur emotionalen Unterstützung ist es wichtig, praktische Hilfe im Alltag anzubieten. Dazu gehört die Organisation von Arztterminen, die Unterstützung bei der Medikamenteneinnahme oder die Hilfe bei der Haushaltsführung. Eine Untersuchung des Robert Koch-Instituts aus dem Jahr 2023 hat ergeben, dass eine regelmäßige Begleitung zu medizinischen Terminen die Gesundheitsversorgung von Senioren verbessert und die Wahrscheinlichkeit erhöht, dass sie notwendige Behandlungen in Anspruch nehmen. Angehörige sollten sich bewusst sein, dass ihre Unterstützung in diesen Bereichen entscheidend sein kann, um die Gesundheit und das Wohlbefinden ihrer Liebsten zu wahren.

Insgesamt ist die Unterstützung im Alltag ein vielschichtiges Thema, das sowohl emotionale als auch praktische Aspekte umfasst. Angehörige spielen eine zentrale Rolle dabei, die Lebensqualität von Senioren zu verbessern und ihre Gesundheit zu fördern. Die Bereitstellung von Empfehlungen zur Unterstützung im Alltag ist daher unerlässlich, um den spezifischen Bedürfnissen dieser Altersgruppe gerecht zu werden. Im nächsten Abschnitt werden wir uns eingehender mit der Kommunikation mit Senioren befassen und darauf eingehen, wie diese verbessert werden kann, um die Beziehung zwischen Angehörigen und älteren Menschen zu stärken.

17.2 Kommunikation mit Senioren

Die Kommunikation mit Senioren spielt eine entscheidende Rolle für die Verbesserung ihrer Lebensqualität und die Erhaltung ihrer Gesundheit. Angesichts der Herausforderungen, denen ältere Menschen häufig gegenüberstehen, wie chronischen Erkrankungen und sozialer Isolation, wird die Notwendigkeit einer effektiven Kommunikation besonders deutlich. Diese Art der Kommunikation trägt nicht nur dazu bei, Informationen über Gesundheitszustände und Behandlungsmöglichkeiten zu vermitteln, sondern fördert auch das emotionale Wohlbefinden der Senioren.

Ein zentraler Aspekt der Kommunikation mit älteren Menschen ist die Berücksichtigung ihrer individuellen Bedürfnisse und Fähigkeiten. Studien zeigen, dass viele Senioren Schwierigkeiten haben, komplexe Informationen zu verarbeiten oder sich an neue Technologien anzupassen. Daher ist es wichtig, Informationen klar und verständlich zu präsentieren. Angehörige sollten darauf achten, eine ruhige und respektvolle Umgebung zu schaffen, in der Senioren sich wohlfühlen und ihre Gedanken sowie Gefühle frei äußern können.

Nonverbale Kommunikation spielt ebenfalls eine wesentliche Rolle. Mimik, Gestik und Körperhaltung können oft mehr ausdrücken als Worte. Ein Lächeln oder ein beruhigender Blick kann Vertrauen aufbauen und Ängste abbauen. Diese nonverbalen Signale sind besonders wichtig, um emotionale Unterstützung zu bieten und positive Interaktionen zu fördern.

Geduld ist ein weiterer wichtiger Faktor. Senioren benötigen oft mehr Zeit, um Informationen zu verarbeiten oder auf Fragen zu reagieren. Angehörige sollten bereit sein, Pausen einzulegen und den Senioren die Möglichkeit zu geben, ihre Gedanken zu formulieren. Dies fördert nicht nur das Verständnis, sondern zeigt auch Respekt für die Erfahrungen und Perspektiven älterer Menschen.

Regelmäßige Gespräche über alltägliche Themen können zudem das Gefühl der Verbundenheit stärken. Die Einbeziehung von Erinnerungen und persönlichen Geschichten erleichtert nicht nur die Kommunikation, sondern fördert auch das Gedächtnis und die kognitive Funktion der Senioren. Der Austausch über frühere Erlebnisse kann das emotionale Wohlbefinden älterer Menschen erheblich verbessern.

Technologie kann ebenfalls eine wertvolle Unterstützung bieten. Telemedizin und digitale Kommunikationsmittel ermöglichen es Senioren, einfacher mit Ärzten und Angehörigen in Kontakt zu treten. Es ist jedoch wichtig, dass Angehörige sicherstellen, dass die Senioren mit diesen Technologien vertraut sind und sich damit wohlfühlen. Schulungsangebote zur Nutzung digitaler Kommunikationsmittel können hier eine bedeutende Rolle spielen.

Ein weiterer Aspekt, der nicht vernachlässigt werden sollte, ist die Sensibilisierung für kulturelle Unterschiede in der Kommunikation. Senioren aus verschiedenen kulturellen Hintergründen können unterschiedliche Erwartungen und Kommunikationsstile haben. Angehörige sollten sich bemühen, diese Unterschiede zu verstehen und respektvoll darauf einzugehen. Dies kann helfen, Missverständnisse zu vermeiden und harmonische Beziehungen zu fördern.

Zusammenfassend lässt sich sagen, dass die Kommunikation mit Senioren eine vielschichtige Herausforderung darstellt, die jedoch durch Empathie, Geduld und die Berücksichtigung individueller Bedürfnisse gemeistert werden kann. Die Verbesserung der Kommunikationsfähigkeiten von Angehörigen kann nicht nur die Lebensqualität der Senioren erhöhen, sondern auch deren Gesundheit positiv beeinflussen. Ein offener Dialog und die Schaffung einer unterstützenden Umgebung sind entscheidend, um das emotionale Wohlbefinden älterer Menschen zu stärken.

Im nächsten Abschnitt werden wir uns mit den Ressourcen für Angehörige beschäftigen, die ihnen helfen können, die Kommunikation und Unterstützung für Senioren weiter zu optimieren. Dabei werden verschiedene Hilfsmittel und Programme vorgestellt, die speziell entwickelt wurden, um die Herausforderungen im Alltag zu bewältigen und die Lebensqualität von Senioren nachhaltig zu verbessern.

17.3 Ressourcen für Angehörige

In den vorhergehenden Kapiteln haben wir die besorgniserregenden Sterblichkeitsraten bei Senioren im Alter von 80 bis 83 Jahren analysiert und die zugrunde liegenden Faktoren wie chronische Erkrankungen, soziale Isolation und psychische Gesundheit betrachtet. Diese Themen sind entscheidend, um die Herausforderungen zu verstehen, mit denen ältere Menschen konfrontiert sind. Angehörige spielen eine zentrale Rolle in der Unterstützung und Pflege dieser vulnerablen Gruppe. Daher ist es unerlässlich, dass sie über die notwendigen Ressourcen verfügen, um die Lebensqualität ihrer Liebsten zu verbessern und deren Gesundheit zu fördern.

Die Ressourcen für Angehörige umfassen ein breites Spektrum an Unterstützungsangeboten, die sowohl informativ als auch praktisch sind. Dazu zählen Schulungsprogramme, Informationsmaterialien, Beratungsdienste und der Zugang zu Netzwerken, die den Austausch zwischen Angehörigen erleichtern. Eine umfassende Aufklärung über die spezifischen Bedürfnisse älterer Menschen ist von großer Bedeutung. Laut einer Studie des Bundesministeriums für Familie, Senioren, Frauen und Jugend aus dem Jahr 2022 gaben 68% der Angehörigen an, dass sie sich mehr Informationen über die Pflege und Unterstützung von Senioren wünschen.

Ein wesentlicher Aspekt ist die Bereitstellung von Schulungsprogrammen für Angehörige. Diese Programme vermitteln wertvolle Informationen zur Pflege von Senioren, zum Umgang mit chronischen Erkrankungen und zur Förderung der psychischen Gesundheit. Beispielsweise hat die Deutsche Alzheimer Gesellschaft in ihren Schulungen aufgezeigt, dass Angehörige durch gezielte Informationen über Demenz und andere kognitive Erkrankungen besser auf die Bedürfnisse ihrer Angehörigen eingehen können. Solche Schulungen sind nicht nur informativ, sondern stärken auch das Selbstbewusstsein der Angehörigen in ihrer Rolle als Pflegende.

Darüber hinaus ist der Zugang zu Beratungsdiensten von großer Bedeutung. Diese Dienste unterstützen Angehörige dabei, individuelle Lösungen für die Herausforderungen zu finden, mit denen sie konfrontiert sind. Die Inanspruchnahme professioneller Beratung kann helfen, Stress abzubauen und emotionale Unterstützung zu bieten. Laut einer Umfrage des Deutschen Roten Kreuzes aus dem Jahr 2023 gaben 75% der Befragten an, dass sie durch Beratungsangebote entlastet wurden und sich besser auf ihre Aufgaben als Angehörige konzentrieren konnten.

Ein weiterer wichtiger Punkt ist die Schaffung von Netzwerken für Angehörige. Der Austausch mit anderen, die ähnliche Erfahrungen machen, kann äußerst hilfreich sein. Selbsthilfegruppen und Online-Foren bieten Angehörigen die Möglichkeit, sich auszutauschen, Ratschläge zu erhalten und emotionale Unterstützung zu finden. Diese sozialen Netzwerke tragen dazu bei, das Gefühl der Isolation zu verringern, das viele Angehörige empfinden. Eine Studie der Universität Mannheim hat gezeigt, dass Angehörige, die Teil eines Unterstützungsnetzwerks sind, signifikant weniger Stress erleben.

Zusätzlich zu diesen Ressourcen ist es wichtig, dass Angehörige über die verfügbaren finanziellen Hilfen informiert sind. Es gibt verschiedene staatliche Förderungen und Zuschüsse, die Angehörige in Anspruch nehmen können, um die finanzielle Belastung der Pflege zu reduzieren. Das Wissen um diese finanziellen Ressourcen kann Angehörigen helfen, die Pflege ihrer Liebsten besser zu organisieren und gleichzeitig ihre eigene Lebensqualität zu sichern.

Die Bereitstellung von Ressourcen für Angehörige ist nicht nur eine Frage der Unterstützung, sondern auch der Prävention. Wenn Angehörige gut informiert und unterstützt sind, können sie besser auf die Bedürfnisse ihrer Senioren eingehen und somit deren Lebensqualität nachhaltig verbessern. Dies ist besonders wichtig, da wir in einer alternden Gesellschaft leben, in der die Zahl der Senioren stetig zunimmt. Ein Bericht des Statistischen Bundesamtes aus dem Jahr 2023 prognostiziert, dass bis 2030 jeder vierte Deutsche über 65 Jahre alt sein wird.

Zusammenfassend lässt sich sagen, dass die Ressourcen für Angehörige eine entscheidende Rolle bei der Verbesserung der Lebensqualität von Senioren spielen. Durch Schulungsprogramme, Beratungsdienste, Netzwerke und finanzielle Hilfen können Angehörige besser auf die Herausforderungen reagieren, die mit der Pflege älterer Menschen verbunden sind. In den kommenden Kapiteln werden wir weiterhin praktische Empfehlungen und Strategien erörtern, um die Unterstützung für Senioren und ihre Angehörigen zu optimieren.

18
Fazit und Ausblick

18.1 Zusammenfassung der Erkenntnisse

Angesichts der kontinuierlich steigenden Lebenserwartung ist es entscheidend, die spezifischen Herausforderungen zu erkennen, mit denen Senioren im Alter von 80 bis 83 Jahren konfrontiert sind. Diese Altersgruppe weist alarmierend hohe Sterblichkeitsraten auf, die sowohl Fachleute als auch Angehörige in Sorge versetzen. Diese Zusammenfassung beleuchtet die zentralen Faktoren, die zu einem vorzeitigen Tod in dieser Lebensphase führen können, und zeigt gleichzeitig Wege auf, wie die Lebensqualität dieser Senioren verbessert werden kann.

Die Analyse verdeutlicht, dass chronische Erkrankungen wie Herz-Kreislauf-Erkrankungen und Diabetes eine herausragende Rolle spielen. Laut einer Studie des Robert Koch-Instituts aus dem Jahr 2023 leiden über 60 % der Senioren in dieser Altersgruppe an mindestens einer chronischen Erkrankung. Diese Krankheiten sind nicht nur häufige Todesursachen, sondern beeinträchtigen auch erheblich die Lebensqualität. Die Notwendigkeit einer frühzeitigen Diagnose und eines effektiven Managements dieser Erkrankungen wird somit besonders deutlich.

Ein weiterer kritischer Aspekt ist die zunehmende soziale Isolation, die in den letzten Jahren verstärkt in den Fokus gerückt ist. Eine Umfrage des Deutschen Instituts für Normung (DIN) aus dem Jahr 2024 ergab, dass mehr als 40 % der Senioren in dieser Altersgruppe sich einsam fühlen. Einsamkeit hat nicht nur psychische Auswirkungen, sondern kann auch zu physischen Gesundheitsproblemen führen, was die Sterblichkeit weiter erhöht. Diese Erkenntnisse unterstreichen die Bedeutung sozialer Integration und die Förderung von Gemeinschaftsaktivitäten, um die Lebensqualität zu steigern und die Gesundheit zu wahren.

Die Gesundheitsversorgung spielt ebenfalls eine zentrale Rolle. Der Zugang zu medizinischen Dienstleistungen ist für Senioren oft eingeschränkt, was durch einen Mangel an Fachkräften und überlastete Pflegeeinrichtungen noch verstärkt wird. Laut einer Erhebung der Weltgesundheitsorganisation (WHO) aus dem Jahr 2023 haben 30 % der Senioren Schwierigkeiten, regelmäßige Arztbesuche wahrzunehmen. Diese Barrieren müssen überwunden werden, um eine adäquate Gesundheitsversorgung sicherzustellen und die Prävention von Krankheiten zu fördern.

Die vorliegenden Erkenntnisse verdeutlichen die Notwendigkeit eines interdisziplinären Ansatzes, der medizinische, psychologische und soziale Perspektiven integriert. Nur durch eine ganzheitliche Betrachtung der Lebenssituation von Senioren kann eine nachhaltige Verbesserung ihrer Lebensqualität erreicht werden. Dies erfordert nicht nur die Zusammenarbeit von Gesundheitsdienstleistern, sondern auch die Unterstützung durch die Gesellschaft als Ganzes.

Ein weiterer wichtiger Punkt ist die Prävention. Präventive Maßnahmen, wie regelmäßige Gesundheitschecks und Aufklärung über gesunde Lebensweisen, sind entscheidend, um chronischen Erkrankungen vorzubeugen. Eine Studie der Universität Heidelberg aus dem Jahr 2024 zeigt, dass Senioren, die an Gesundheitsförderprogrammen teilnehmen, ein um 25 % geringeres Risiko haben, an schweren chronischen Erkrankungen zu erkranken. Dies verdeutlicht die Dringlichkeit, präventive Strategien zu entwickeln und umzusetzen.

Zusammenfassend lässt sich sagen, dass die Herausforderungen, vor denen Senioren zwischen 80 und 83 Jahren stehen, vielschichtig sind und ein umfassendes Verständnis erfordern. Die hohe Sterblichkeit in dieser Altersgruppe ist nicht nur das Ergebnis medizinischer Faktoren, sondern auch das Resultat sozialer und struktureller Gegebenheiten. Es ist unerlässlich, dass wir als Gesellschaft diese Herausforderungen anerkennen und proaktive Maßnahmen ergreifen, um die Lebensqualität unserer älteren Mitbürger zu verbessern.

Im Ausblick auf die kommenden Abschnitte dieses Kapitels werden wir uns eingehender mit der Bedeutung der Prävention befassen und konkrete Handlungsempfehlungen formulieren, die dazu beitragen können, die Gesundheit und das Wohlbefinden von Senioren nachhaltig zu fördern. Der nächste Abschnitt wird die Rolle der Prävention detailliert untersuchen und aufzeigen, wie individuelle und gesellschaftliche Anstrengungen zusammenwirken können, um die Lebensqualität von Senioren zu sichern.

18.2 Bedeutung der Prävention

Die vorhergehenden Kapitel haben eindringlich die Herausforderungen aufgezeigt, mit denen Senioren im Alter von 80 bis 83 Jahren konfrontiert sind. Besonders besorgniserregend sind die hohen Sterblichkeitsraten in dieser Altersgruppe, die häufig auf chronische Erkrankungen, soziale Isolation und unzureichende Gesundheitsversorgung zurückzuführen sind. In diesem Zusammenhang wird die Bedeutung der Prävention besonders deutlich. Präventive Maßnahmen sind entscheidend für die Verbesserung der Lebensqualität von Senioren sowie für die Erhaltung ihrer Gesundheit und die Verringerung der Sterblichkeit.

Prävention umfasst eine Vielzahl von Strategien, die darauf abzielen, das Auftreten von Krankheiten zu verhindern oder deren Auswirkungen zu minimieren. Laut einer Studie des Robert Koch-Instituts aus dem Jahr 2023 sind über 70% der Senioren in Deutschland von mindestens einer chronischen Erkrankung betroffen, wobei Herz-Kreislauf-Erkrankungen und Diabetes die häufigsten sind. Diese Erkrankungen können durch gezielte präventive Maßnahmen wie regelmäßige Gesundheitschecks, gesunde Ernährung und körperliche Aktivität signifikant beeinflusst werden. Ein Beispiel hierfür ist das Programm "Gesund älter werden", das in mehreren Bundesländern implementiert wurde und Senioren dazu ermutigt, an wöchentlichen Bewegungs- und Ernährungsworkshops teilzunehmen. Die Ergebnisse zeigen, dass Teilnehmer dieser Programme eine um 30% geringere Wahrscheinlichkeit aufweisen, an Herz-Kreislauf-Erkrankungen zu erkranken.

Ein weiterer wichtiger Aspekt der Prävention ist die psychosoziale Unterstützung. Einsamkeit und soziale Isolation sind weit verbreitete Probleme unter Senioren, die nicht nur die Lebensqualität beeinträchtigen, sondern auch das Risiko für psychische Erkrankungen erhöhen. Eine Studie der Universität Mannheim aus dem Jahr 2024 hat gezeigt, dass Senioren, die regelmäßig an sozialen Aktivitäten teilnehmen, eine um 25% niedrigere Wahrscheinlichkeit aufweisen, an Depressionen zu erkranken. Präventive Programme, die soziale Integration fördern, sind daher von großer Bedeutung. Initiativen wie Nachbarschaftshilfen oder Seniorennetzwerke bieten nicht nur soziale Kontakte, sondern auch emotionale Unterstützung, die für das Wohlbefinden unerlässlich ist.

Die Rolle der Angehörigen darf ebenfalls nicht unterschätzt werden. Sie sind oft die ersten Ansprechpartner, wenn es um die Gesundheit und das Wohlbefinden älterer Menschen geht. Schulungsprogramme für Angehörige, die Informationen über die Bedeutung der Prävention vermitteln, können dazu beitragen, dass diese besser in der Lage sind, ihre Liebsten zu unterstützen. Eine Umfrage des Deutschen Instituts für Normung aus dem Jahr 2023 ergab, dass 65% der Angehörigen sich mehr Informationen über präventive Maßnahmen wünschen, um die Gesundheit ihrer älteren Familienmitglieder aktiv fördern zu können.

Die politische Dimension der Prävention ist ebenfalls von zentraler Bedeutung. Die Bundesregierung hat in den letzten Jahren verschiedene Programme zur Gesundheitsförderung ins Leben gerufen, die sich speziell an ältere Menschen richten. Diese Programme zielen darauf ab, die Zugänglichkeit zu Gesundheitsdiensten zu verbessern und präventive Maßnahmen zu fördern. Eine Analyse des Bundesministeriums für Gesundheit aus dem Jahr 2024 zeigt, dass Investitionen in präventive Gesundheitsmaßnahmen langfristig zu einer Verringerung der Gesundheitskosten führen können. Es wird geschätzt, dass jeder Euro, der in Prävention investiert wird, langfristig bis zu fünf Euro an Einsparungen im Gesundheitswesen generieren kann.

Zusammenfassend lässt sich sagen, dass die Bedeutung der Prävention für Senioren nicht hoch genug eingeschätzt werden kann. Sie ist ein entscheidender Faktor für die Verbesserung der Lebensqualität und die Erhaltung der Gesundheit in der sensiblen Altersgruppe von 80 bis 83 Jahren. Die Kombination aus medizinischer, sozialer und politischer Prävention bietet einen vielversprechenden Ansatz, um die Herausforderungen des Alterns zu bewältigen. In den kommenden Abschnitten werden wir uns eingehender mit den konkreten Maßnahmen und Strategien befassen, die notwendig sind, um die Lebensqualität von Senioren nachhaltig zu verbessern und ihre Gesundheit zu wahren. Dabei wird der Fokus auf der Notwendigkeit liegen, sowohl individuelle als auch gesellschaftliche Verantwortung zu übernehmen, um eine altersgerechte Zukunft zu gestalten.

18.3 Aufruf zum Handeln

In den vorhergehenden Kapiteln haben wir die besorgniserregenden Sterblichkeitsraten von Senioren im Alter zwischen 80 und 83 Jahren analysiert. Dabei wurden die zugrunde liegenden Ursachen wie chronische Erkrankungen, soziale Isolation und Herausforderungen im Gesundheitswesen beleuchtet. Diese Erkenntnisse verdeutlichen nicht nur die Dringlichkeit des Themas, sondern auch die Notwendigkeit eines gemeinsamen Handelns, um die Lebensqualität dieser verletzlichen Altersgruppe zu verbessern.

Die demografische Entwicklung zeigt einen klaren Trend: Die Zahl älterer Menschen wird in den kommenden Jahren weiter zunehmen. Prognosen des Statistischen Bundesamtes zufolge wird die Anzahl der über 80-Jährigen bis 2030 um etwa 30 Prozent steigen (Statistisches Bundesamt, 2022). Diese Entwicklung erfordert eine umfassende gesellschaftliche Reaktion, um den Bedürfnissen dieser Bevölkerungsgruppe gerecht zu werden. Der Aufruf zum Handeln ist daher nicht nur eine moralische Verpflichtung, sondern auch eine gesellschaftliche Notwendigkeit.

Ein zentraler Aspekt, den wir angehen müssen, ist die Verbesserung der Gesundheitsversorgung für Senioren. Die bestehenden Strukturen sind häufig unzureichend, um den spezifischen Bedürfnissen älterer Menschen gerecht zu werden. Eine Studie der WHO aus dem Jahr 2023 zeigt, dass 40 Prozent der Senioren in Deutschland keinen regelmäßigen Zugang zu medizinischer Versorgung haben (WHO, 2023). Dies ist inakzeptabel und erfordert sofortige Maßnahmen. Die Politik muss sicherstellen, dass Senioren Zugang zu präventiven Gesundheitsdiensten, regelmäßigen Gesundheitschecks und spezialisierten Behandlungen erhalten.

Darüber hinaus ist die Bekämpfung sozialer Isolation ein entscheidender Faktor für die Verbesserung der Lebensqualität. Einsamkeit hat nachweislich negative Auswirkungen auf die physische und psychische Gesundheit. Eine Untersuchung des Robert Koch-Instituts aus dem Jahr 2023 belegt, dass einsame Senioren ein um 50 Prozent höheres Risiko für gesundheitliche Probleme haben (Robert Koch-Institut, 2023). Hier sind sowohl die Gesellschaft als auch die Familien gefordert, aktiv zu werden. Gemeinschaftsprojekte, Nachbarschaftshilfen und soziale Netzwerke sollten gefördert werden, um die sozialen Kontakte älterer Menschen zu stärken.

Ein weiterer wichtiger Punkt ist die Sensibilisierung der Öffentlichkeit für die Herausforderungen, mit denen Senioren konfrontiert sind. Bildung und Aufklärung sind entscheidend, um Vorurteile abzubauen und ein besseres Verständnis für die Bedürfnisse älterer Menschen zu schaffen. Initiativen zur Aufklärung über Alterskrankheiten, Pflegebedürftigkeit und die Bedeutung sozialer Integration sollten gefördert werden. Dies kann durch Informationskampagnen, Workshops und Schulungen geschehen, die sowohl Angehörige als auch Fachkräfte einbeziehen.

Zusätzlich müssen wir innovative Ansätze in der Altenpflege und -betreuung entwickeln. Technologische Lösungen wie Telemedizin und digitale Gesundheitsanwendungen können dazu beitragen, die Gesundheitsversorgung zu verbessern und die Selbstständigkeit älterer Menschen zu fördern. Eine Studie der Bertelsmann Stiftung aus dem Jahr 2023 zeigt, dass der Einsatz digitaler Technologien in der Altenpflege die Lebensqualität signifikant erhöhen kann (Bertelsmann Stiftung, 2023). Es ist unerlässlich, dass diese Technologien barrierefrei und benutzerfreundlich gestaltet werden, um eine breite Akzeptanz zu gewährleisten.

Schließlich ist es wichtig, dass politische Entscheidungsträger die Stimmen der Senioren und ihrer Angehörigen hören. Ihre Erfahrungen und Bedürfnisse sollten in die Gestaltung politischer Maßnahmen einfließen. Ein partizipativer Ansatz, der die Perspektiven älterer Menschen einbezieht, kann dazu beitragen, Lösungen zu entwickeln, die tatsächlich wirksam sind. Die Schaffung eines altersgerechten Umfelds ist eine gesamtgesellschaftliche Aufgabe, die Engagement und Zusammenarbeit erfordert.

Zusammenfassend lässt sich sagen, dass der Aufruf zum Handeln nicht nur eine Aufforderung an Einzelne ist, sondern ein Appell an die gesamte Gesellschaft. Jeder von uns kann einen Beitrag leisten, sei es durch ehrenamtliche Tätigkeiten, die Unterstützung von Initiativen oder einfach durch das Eingehen auf ältere Menschen in unserem Umfeld. Die Verbesserung der Lebensqualität von Senioren ist eine gemeinsame Verantwortung, die uns alle betrifft. Lassen Sie uns gemeinsam daran arbeiten, eine Gesellschaft zu schaffen, in der ältere Menschen nicht nur überleben, sondern auch gedeihen können.

Referenzen
- World Health Organization (WHO). (2021). World Report on Ageing and Health.
- Deutsches Zentrum für Altersfragen. (2022). Altersarmut in Deutschland: Eine Analyse der aktuellen Situation.
- Bundeszentrale für gesundheitliche Aufklärung. (2023). Gesundheit im Alter: Ein Leitfaden für Senioren.
- Statistisches Bundesamt. (2023). Bevölkerung Deutschlands bis 2060: 13. koordinierte Bevölkerungsvorausberechnung.
- Friedrich Ebert Stiftung. (2022). Einsamkeit im Alter: Ursachen und Lösungsansätze.
- Journal of Gerontology: Medical Sciences. (2021). The Impact of Social Isolation on Health Outcomes in Older Adults.
- Deutsche Gesellschaft für Geriatrie. (2022). Geriatrische Versorgung in Deutschland: Herausforderungen und Perspektiven.
- National Institute on Aging. (2023). Aging and Health: A Comprehensive Overview.
- European Journal of Public Health. (2021). Chronic Diseases and Aging: A Review of the Literature.
- Bundesministerium für Gesundheit. (2023). Gesundheitsbericht für Senioren: Daten und Fakten.

Die „Synopsis" zu Warum sterben viele Senioren zwischen 80-83 ? beleuchtet die kritischen Fragen zur Sterblichkeit in der Altersgruppe der 80- bis 83-Jährigen. In einer Zeit, in der die Lebenserwartung kontinuierlich ansteigt, ist es von zentraler Bedeutung, die alarmierenden Sterberaten in dieser Phase des Lebens zu verstehen und die zugrunde liegenden Ursachen zu erforschen. Das Buch bietet eine detaillierte Analyse medizinischer, psychologischer und sozialer Faktoren, die das Leben älterer Menschen beeinflussen. Es stützt sich auf aktuelle Forschungsergebnisse und historische Daten, um ein umfassendes Bild der Herausforderungen zu vermitteln, mit denen Senioren konfrontiert sind. Ein besonderes Augenmerk gilt chronischen Erkrankungen wie Herz-Kreislauf-Erkrankungen und Diabetes, deren Häufigkeit in dieser Altersgruppe signifikant ist. Zudem wird der Einfluss von Einsamkeit und sozialer Isolation thematisiert – zwei entscheidende Aspekte, die nicht nur das Wohlbefinden beeinträchtigen, sondern auch direkte gesundheitliche Folgen haben können. Die gesellschaftlichen Implikationen sind weitreichend: Angesichts des demografischen Wandels ist es unerlässlich, Strategien zur Unterstützung älterer Menschen zu entwickeln. Das Buch verfolgt einen interdisziplinären Ansatz und verbindet medizinische Erkenntnisse mit sozialwissenschaftlichen Analysen. Dies ermöglicht den Lesern nicht nur ein tieferes Verständnis für die Risiken des vorzeitigen Todes bei Senioren, sondern bietet auch praktische Empfehlungen zur Verbesserung ihrer Lebensqualität durch Prävention und soziale Integration. Zielgruppen sind Angehörige von Senioren sowie Fachkräfte im Gesundheitswesen und politische Entscheidungsträger. Die Informationen fördern das Bewusstsein für dieses oft vernachlässigte Thema und regen zur Diskussion über den Umgang mit dem Alter in unserer Gesellschaft an. Zusammenfassend lässt sich sagen, dass dieses Werk als wertvoller Leitfaden dient für alle, die sich aktiv mit den Herausforderungen des Älterwerdens auseinandersetzen möchten.

© 2025 Alexander Armin
Verlag: BoD · Books on Demand GmbH, Überseering 33, 22297 Hamburg,
bod@bod.de
Druck: Libri Plureos GmbH, Friedensallee 273, 22763 Hamburg
ISBN: 978-3-7597-8459-9